# SWAMI PURNACHAITANYA

# WENDE DEINEN BLICK NACH INNEN

SWAMI
PURNACHAITANYA

# WENDE DEINEN BLICK NACH INNEN

## Meditieren, um in einer turbulenten Welt inneren Frieden zu finden

**Bibliografische Information der Deutschen Nationalbibliothek**
Die Deutsche Nationalbibliothek verzeichnet diese Publikation in der Deutschen Nationalbibliografie. Detaillierte bibliografische Daten sind im Internet über http://dnb.d-nb.de abrufbar.

**Für Fragen und Anregungen**
info@mvg-verlag.de

1. Auflage 2022
© 2022 by mvg Verlag, ein Imprint der Münchner Verlagsgruppe GmbH
Türkenstraße 89
D-80799 München
Tel.: 089 651285-0
Fax: 089 652096

Übersetzung: Barbara Jilek
Redaktion: Barbara Allgeier
Umschlaggestaltung: Manuela Amode
Umschlagabbildung: © The Whitebox
Satz: Christiane Schuster | www.kapazunder.de
Druck: GGP Media GmbH, Pößneck
Printed in Germany

ISBN Print 978-3-7474-0408-9
ISBN E-Book (PDF) 978-3-96121-798-4
ISBN E-Book (EPUB, Mobi) 978-3-96121-797-7

Wir produzieren
nachhaltig
www.m-vg.de

Weitere Informationen zum Verlag finden Sie unter

# www.mvg-verlag.de

Beachten Sie auch unsere weiteren Verlage unter www.m-vg.de

# INHALT

*Ich denke, dass dieses Buch [meinem Vater] geholfen hat, seinen Seelenfrieden zu erlangen und seinen Geist und seine Seele auf das neue Abenteuer vorzubereiten.*

Trevor Tutu, Sohn von Erzbischof Desmond Tutu,
in einem Dankesbrief an Swami Purnachaitanya.

# EINFÜHRUNG: EIN NEUER ANSATZ

Die Welt, wie wir sie kennen, ändert sich im Eiltempo. Erderwärmung, eine Pandemie, Informationen, die sich wie Lauffeuer verbreiten, Fake News, Aufstände und sich verändernde Gesellschaftsstrukturen und Lebensstile. Das Ausmaß und die Auswirkungen dieser und so vieler anderer Herausforderungen, mit denen wir konfrontiert werden, beeinflussen unsere Gesundheit, Produktivität und letztlich auch unser Glück und unseren inneren Frieden. In Zeiten wie diesen fühlen sich wahrscheinlich die meisten Menschen gestresst, haben große Ängste oder werden in manchen Fällen gar depressiv. Und wir müssen jetzt mehr als je zuvor den Blick nach innen wenden, um Kraft zu finden, unsere Aufmerksamkeit zu fokussieren und Seelenfrieden zu erfahren.

In dieser Praxisanleitung helfe ich dir auf deiner persönlichen Suche nach der Quelle deiner Ängste, deiner Anspannung und deiner Ruhelosigkeit. Außerdem zeige ich dir, wie du mit ihnen umgehen und sie überwinden kannst, indem du durch Meditation deine zerstreuten Gedanken besänftigst und deine Energie wieder darauf lenkst, im Jetzt zu sein, während du deine mentale Widerstandsfähigkeit stärkst.

Die Idee dahinter ist, die sich ständig verändernde Außenwelt zu akzeptieren, während man die eigenen, inneren Energiereserven aufbaut, um besser mit ihr umgehen zu können. Das heißt nicht, dass du vor dem, was geschieht, wegläufst oder so tust, als würde nie etwas Schlimmes passieren. Es heißt auch nicht, dass du dir einredest, alles wäre in Ordnung, um dich besser zu fühlen. Es geht darum, endlich zu verstehen, wie unser Geist funktioniert und wie man ihn lenken kann, sodass du ihn transzendieren kannst und so zu der einen Quelle des Friedens, des Glücks und des Halts gelangst, die unberührt und unverändert bleibt.

Seit Jahren leite ich bei The Art of Living Meditationskurse für Menschen jeder Herkunft: für die Ureinwohner der abgelegensten Regionen Nordost-Indiens, für Leiter führender internationaler Unternehmen, für Studenten und Hausfrauen oder -männer, für erfolgreiche Künstler und Politiker. Sie alle haben von der Praxis in verschiedenen Lebensbereichen profitiert. Als mir klar wurde, dass es immer wichtiger wird, dieses wertvolle Wissen an die vielen Menschen weiterzugeben, die nach einem erfolgreichen Weg suchen, ihr Leben in den Griff zu bekommen, beschloss ich, dieses Buch zu schreiben.

Es enthält einige der wertvollsten Einblicke und Techniken, die ich im Laufe der vergangenen 20 Jahre meiner Meditationspraxis unter der Anleitung von Gurudev Sri Sri Ravi Shankar, eines wahren Meditationsmeisters unserer Zeit, mitgenommen habe. Ich biete mein Wissen und meine Erfahrung all jenen an, die aufrichtig daran interessiert sind, ihr Leben endlich ein wenig genauer zu betrachten und einen neuen – im Grunde aber sehr alten – Ansatz auszuprobieren, um mit den vielen Herausforderungen des Lebens besser umgehen zu können und zu lernen, wie sie ihre Gesundheit, ihr Glück und ihren Seelenfrieden positiv beeinflussen können. Ich vermittle mein Wissen auf eine leicht verständliche Art, sodass die Techniken ohne große Mühen anzuwenden sind. Dieser praktische Ansatz hilft dir, deinen Geist zu lenken und schließlich zu beherrschen.

Es gibt heutzutage viele Missverständnisse und falsche Vorstellungen davon, was Meditation bedeutet. In den letzten Jahrzehnten hat sich unsere Auffassung davon stark verändert. Eine Praxis, die einst von vielen als seltsam und okkult angesehen wurde und die man mit spärlich bekleideten Yogis im Himalaya verband, wurde zum neuesten Trend unter hippen, erfolgreichen Menschen, die sich um ihre geistige Fitness kümmern wollten. Eine wachsende Zahl an Apps verspricht mit »Instant«-Meditationen Seelenfrieden in nur drei Minuten. Hinzu kommt, dass viele den Begriff »Achtsamkeit« als die neue und viel weltlichere Bezeichnung für »Meditation« übernommen haben, wodurch sie viel einfacher an die breite Masse und an Firmenchefs vermarktet werden konnte. Dabei war ihnen nicht klar, dass Meditation und Achtsamkeit in Wirklichkeit nicht dasselbe sind, sondern in mancherlei Hinsicht sogar genau das Gegenteil voneinander.

Deshalb hatte ich das Gefühl, dass es höchste Zeit sei, ein Buch zu schreiben, das viele dieser falschen Vorstellungen und Missverständnisse aufklärt. Ein Buch, das es jedem Interessierten ermöglicht, zu entdecken, was Meditation tatsächlich ist, ohne sich zu sehr mit Räucherstäbchen oder zu wenig Gehaltvollem zu befassen.

Meditation ist eine uralte, bewährte und sehr wirksame Methode, um den Geist zu steuern und zu transzendieren. Sie hat unzählige Vorteile, denn sie beeinflusst dein soziales und berufliches Leben, deine Gesundheit, dein Glück und auch dein Gefühl von Freiheit und Selbstverwirklichung. Der Versuch, sie aus ihrem Kontext und ihrer Tradition zu lösen, täte nicht nur den Meistern Unrecht, die das Wissen bis heute bewahrt haben, sondern würde die Praxis auch einiger ihrer wirkungsvollsten und wesentlichsten Aspekte berauben.

Gleichzeitig verlangen unsere moderne Welt und unser Lebensstil, dass wir diese uralten Weisheiten und Techniken so zugänglich machen, dass jeder sie praktizieren kann, der ihre zahllosen Vorteile erforschen möchte. Dieses Buch ist dein persönlicher Leitfaden, um diese tiefgehende Praxis zu verstehen und ein gesünderes, glücklicheres und ausgeglichenes Leben zu führen.

Jedes Kapitel in diesem Buch lehrt dich ein paar der wichtigsten Prinzipien, um auf deiner Reise voranzukommen, und gibt dir das Wissen und Know-how mit, das letztendlich deine persönliche Meditationspraxis formen wird. Viele der Grundsätze, die du auf diesen Seiten lernen wirst, lassen dich außerdem im Alltag effektiver, effizienter und empathischer werden und helfen dir, gekonnter mit diesem abstrakten Ding, das wir unseren Geist nennen, und mit all seinen Eskapaden umzugehen. So wird dein Leben leichter, angenehmer und erfüllender, aber du musst dafür auch lesen, verstehen und üben, was hier weitergegeben wird.

Du wirst lernen, dass Meditation nicht viel Konzentration oder Fokussieren erfordert, sondern eher das Gegenteil, und dass sie eine freudige Reise sein kann, die dir die Augen öffnet. Es ist eine Reise von Anstrengung hin zu Mühelosigkeit, von Aktivität zu Ruhe und von Stress, Ängsten und Frustration hin zu einem Zustand des Friedens und der Gelassenheit. Was ich aber betonen möchte, ist, dass Meditation noch so viel mehr ist als nur die Lösung für einige der Probleme, die viele von uns haben. Und zu meditieren, nur um diese Probleme zu bewältigen, würde bedeuten, dass man damit aufhören kann, sobald der eigene Geist oder das eigene Leben sich wieder beruhigt hat. Ich möchte dich stattdessen ermutigen, dir höhere Ziele zu setzen und weiterzudenken. Meditation bringt dir viele Vorteile, aber das sind eher Nebenwirkungen. Der wahre Schatz liegt tiefer in dir vergraben und offenbart sich nur demjenigen, der wirklich bereit ist, den Blick nach innen zu wenden.

Komm also mit auf diese faszinierende Reise, egal, ob du Anfänger bist oder schon seit Jahren regelmäßig oder hin und wieder meditierst. Ich lade dich ein, sie unvoreingenommen zu beginnen. Wenn du das schaffst, garantiere ich dir, dass du vieles lernen und erkennen wirst, das dir helfen kann, deine Meditationspraxis zu verstehen, zu vertiefen und dein Leben zu bereichern. Schließlich ist Meditation in unserer heutigen modernen Welt kein Luxus, sondern eine Notwendigkeit. Und je schneller uns das klar wird, desto besser.

*Ein Geist ohne Aufregung ... ist Meditation.*

*Ein Geist im Jetzt ... ist Meditation.*

*Ein Geist, der nicht mehr Geist ist, ... ist Meditation.*

*Ein Geist, der nicht zögert, nichts
erwartet ... ist Meditation.*

*Ein Geist, der nach Hause kommt, zurück
zur Quelle ... ist Meditation.*

Gurudev Sri Sri Ravi Shankar

# Kapitel 1

# JA, DIE WELT VERÄNDERT SICH

*Ich nahm das Handy in die Hand und ging meine WhatsApp-Gespräche durch. Ah, da war sie, die Nummer meines Freundes aus Delhi. Seit fast zwei Monaten saß ich wegen der Covid-19-Pandemie in einem Apartment in Johannesburg fest. Nachdem Indien über Nacht alle Grenzen und Flughäfen geschlossen hatte, war es mir gelungen, in der letzten Minute aus Ghana nach Südafrika zu reisen, bevor auch diese beiden Länder ihre Grenzen schlossen. Ein Freund in Johannesburg hatte mir freundlicherweise eine Unterkunft verschafft, in der ich so lange wie nötig bleiben konnte – wofür ich dankbar war, weil viele weniger Glück hatten als ich, als plötzlich nicht nur jedes Reisen zum Stillstand kam, sondern die meisten Aspekte im Leben aller Menschen.*

*»Hallo Samir, wie geht es dir? Ich habe an euch gedacht. Wie geht es deiner Familie?«*

»*Swamiji, wie schön von dir zu hören! Es geht schon, wir kommen zurecht.*« *In seiner Stimme lag etwas weniger Zuversicht als in seinen Worten.*

»*Mein Bruder ist wegen des Lockdowns zurück nach Hause gekommen. Wir sind also alle wieder zusammen.*«

*Ich kenne Samir jetzt schon seit einigen Jahren, und wir sind mit der Zeit gute Freunde geworden. Er ist Fotograf von Beruf, hauptsächlich auf Hochzeiten – eine gigantische Industrie in Indien, die zahlreiche Möglichkeiten bietet, wenn man gut ist in dem, was man tut. Samir hat vor ein paar Jahren geheiratet, und bald würde sein Bruder Vater werden. Samir und seine Frau leben bei seinen Eltern, und sein Bruder zog vor einiger Zeit vorübergehend nach Westbengalen, da er dort eine gute Stelle gefunden hatte. Sie hatten alle gespart, um in eine größere Wohnung ziehen zu können, denn ihre Wohnung ist klein, besonders nun, da beide Brüder verheiratet sind. Sie kauften ein kleines Stück Land in einem anderen Teil Delhis und planten, dort ein Haus für die ganze Familie zu bauen. Ein Stockwerk würde den Eltern gehören, eines Samir und seiner Frau und das oberste seinem Bruder. So würden sie alle genug Platz haben, um komfortabel zu leben. Weil die Geschäfte nicht gut liefen, war es zu Verzögerungen gekommen. Aber die bevorstehende Hochzeitssaison würde genügend Geld einbringen, um endlich mit dem Bau zu beginnen. Sie hatten alle davon geträumt, endlich ihr eigenes Haus zu besitzen.*

»*Wie läuft es mit dem Haus? Ich habe letztes Mal vergessen, dich zu fragen. Ihr wolltet doch bald mit dem Bau beginnen, oder? Aber das hat sich durch den Lockdown wahrscheinlich verzögert?*«

*»Es sieht tatsächlich so aus, als könnten wir mit dem Bauen nicht anfangen, Swamiji. Jedenfalls nicht allzu bald. Wir haben gerade erfahren, dass mein Bruder seine Arbeit verliert, weil seine Firma unter den aktuellen Umständen nicht alle Mitarbeiter behalten kann. Also werden wir unser Erspartes brauchen, um unsere Ausgaben zu decken. Ich habe in den letzten Monaten als Fotograf auch kein Geld verdient, und wir wissen nicht, wie lange der Lockdown noch dauern wird. Selbst falls er aufgehoben wird, wird es noch lange dauern, bis es wieder Veranstaltungen wie Hochzeiten geben wird. Und dann werden die Leute viel weniger Geld zur Verfügung haben. Es sind schwierige Zeiten für alle.«* Ich hielt inne und dachte einen Moment darüber nach, was ich darauf antworten sollte. Ich stellte mir vor, wie sie alle zusammen in der kleinen Wohnung lebten – die ich persönlich kannte, weil ich einmal dort übernachtet hatte, als ich zu Besuch in Delhi war. Wenn man bedenkt, dass seine Schwägerin schwanger war, würde es bald noch voller und schwieriger werden.

Das ist das Leben. Das ist unser Leben. Viel zu oft sind wir uns dessen nicht bewusst, aber alles, was wir als selbstverständlich betrachten oder worauf wir uns verlassen, kann sich jederzeit ändern. Und natürlich ist das nichts Neues. So war es schon immer, seit jeher. Sosehr wir uns auch bemühen, das Leben läuft nicht immer wie geplant, und es hört nie auf, uns zu überraschen, sei es zum Guten wie zum Schlechten.

Allerdings ändern sich die Dinge in den letzten Jahren immer schneller und grundlegender, als viele von uns es je gedacht hätten, nicht einmal die Generation vor uns. Zwar kann ich nicht für jene sprechen, die den Zweiten Weltkrieg erlebt haben, doch befinden wir uns aktuell in einer Situation, die viele Menschen auf ähnliche – wenn nicht noch schlimmere – Weise betrifft. Es ist wenig überraschend, dass selbst angesehene Persönlichkeiten und Experten nicht davor zurückschrecken, die Covid-19-Pandemie als »Dritten Weltkrieg« zu bezeichnen, wenn es darum geht, ihre Auswirkungen auf das Leben der Menschen zu beschreiben. Die UNO nannte die Pandemie offiziell eine der herausforderndsten Krisen, die die Welt seit dem Zweiten Weltkrieg erlebt hat, und für die UNO ist es die schlimmste Krise seit ihrer Gründung.

»Diese Krise ist nicht nur eine gesundheitliche, sondern auch eine menschliche«, warnte UN-Generalsekretär António Guterres und erklärte, dass die wirtschaftlichen Folgen eine Rezession auslösen würden, beispiellos für die jüngste Zeit. Das Welternährungsprogramm der Vereinten Nationen warnte davor, dass möglicherweise 265 Millionen Menschen vor dem Verhungern stehen könnten, und befürchtete eine weltweite Hungersnot biblischen Ausmaßes. Laut Berechnungen der UNO könnten zusätzlich rund 200 Millionen Menschen durch die Pandemie ihre Arbeit verlieren. Dadurch würde die Zahl derjenigen, die weltweit unter der Armutsgrenze leben und ihre Grundbedürfnisse nicht mehr decken können, auf rund 800 Millionen anwachsen. In einem Bericht von Oxfam, der den G20, also den führenden Industrie- und Entwicklungsländern, dem Internationalen Währungsfonds und der Weltbank vorgelegt wurde, hieß es, dass zum Ende der Pandemie die Hälfte aller 7,8 Milliarden Menschen auf der Erde in Armut leben könnte.

Zu allem Überfluss ist die Pandemie bloß eine von vielen aktuellen Entwicklungen, die das Leben der Menschen weltweit grundlegend verändert haben und sie verzweifelt nach allem greifen lässt, was sie möglicherweise davon abhalten könnte, in Verzweiflung oder in eine Depression zu verfallen oder das eigene Leben als Enttäuschung zu sehen.

In dem Jahr, das in der Ankündigung des neuen Virus gipfelte, der seinen Ausgang in China nahm, erlebten wir enorme Lauffeuer in Australien, den plötzlichen Ausbruch gewaltsamer Proteste in Hongkong, im Mittleren Osten und in verschiedenen Ländern Süd- und Zentralamerikas. Ein Handelskrieg zwischen den Vereinigten Staaten und China sorgte weltweit für Beunruhigung, und der Klimawandel wirkt sich weiterhin katastrophal auf unsere Umwelt aus. Kaum ein Kontinent blieb vor Naturkatastrophen wie Erdbeben und Überflutungen, Wirbelstürmen oder Dürre verschont. Erst vor Kurzem nahm der Wirbelsturm Amphan in Westindien Tausenden das Dach über dem Kopf, hinterließ Ernteschäden und beschädigte die Häuser von vielen zehntausend Menschen, nachdem er große Teile der Küstenregion Westbengalens, einschließlich Kalkuttas in Indien und Teile Bangladeschs, verwüstet hatte. Berichten zufolge hatte seit 500 Jahren kein so zerstörerischer Wirbelsturm die Metropolregion und das gesamte Umland getroffen. Es heißt, dass 70 Prozent der Gesamtbevölkerung Westbengalens betroffen waren.

Meine Freunde in Argentinien und Zimbabwe mussten zusehen, wie sich ihre Ersparnisse langsam in Luft auflösten, als die Wirtschaftssysteme vor Ort begannen, zusammenzubrechen. Ihnen blieb kaum etwas anderes zu tun, als für bessere Zeiten zu beten, und sie waren damit nicht allein. Weltweit erlebte man, dass Volkswirtschaften ins Straucheln gerieten und teilweise fast zusammenbrachen. Sogar in Regionen wie Westeuropa, die zu den führenden Industrienationen der Welt zählen.

Ich empfand es als surreal zu sehen, dass sich sogar in unseren modernen, entwickelten Gesellschaften alles über Nacht ändern konnte. In unserer angeblich zivilisierten Gesellschaft gewaltsame Proteste, Plünderei und plötzlichen wirtschaftlichen Kollaps zu erleben, bestätigte etwas, wovor uns bereits die alten Schriften des Ostens, mit denen ich mich beschäftigt habe, warnten: Suche nicht nach Halt im ständigen Wandel, denn die Natur der Welt ist Wandel. Der einzig wahre Halt und die einzige Sicherheit liegen im Unveränderlichen. Und dafür muss man den Blick nach innen wenden.

Wonach suchen wir also, um uns sicher zu fühlen, um Geborgenheit zu empfinden? Nach einem gemütlichen Zuhause? Einem gefüllten Bankkonto oder einer guten Rente? Gesundheit, einem großen Freundeskreis? Sozialem Status oder Anerkennung? Oft wird uns erst bewusst, wie wichtig uns diese Dinge sind, wenn sie plötzlich wegfallen und mit ihnen unsere innere Ruhe, unser Gefühl von Sicherheit, unser Glück und manchmal sogar unsere Hoffnung oder unser Vertrauen. Und das ist nicht wirklich unsere Schuld, denn so wurden wir erzogen, so wurde es uns von klein auf beigebracht. Wir haben gelernt, dass wir hart arbeiten sollen, um einen guten Job, ein schönes Haus, einen guten Freundeskreis und vielleicht sogar gesellschaftlichen Status zu erlangen. Außerdem sollen wir Sport machen und ein bisschen auf unsere Ernährung achten, um gesund und stark zu bleiben. Uns wurde gesagt, dass wir das alles brauchen, um das glückliche und sichere Leben zu führen, nach dem wir alle suchen. Denn letzten Endes wollen wir alle das Gleiche: glücklich sein, inneren Frieden, Sicherheit und Geborgenheit spüren und frei sein. Das ist es, was uns jede Werbung verspricht, ob sie für eine neue Uhr oder ein neues Auto, ein bestimmtes Shampoo oder eine Lebensversicherung wirbt. Deshalb sind viele bereit, fast alles zu opfern für dieses magische Leben, in dem sie sich um nichts sorgen müssen, um das Leben zu führen, von dem sie geträumt haben, denn sie können es sich leisten. Doch dann, wenn man ein bisschen genauer hinsieht, merkt man, dass die meisten Menschen, die angeblich »alles haben«, fast alle mit den gleichen Problemen konfrontiert sind. Sie sind auch gestresst, machen sich Sorgen und sind manchmal unsicher, ja manchmal sogar mehr als andere!

Viel zu oft lese ich in der Zeitung von Menschen, sogar von Schülern und Schülerinnen, die Selbstmord begangen haben wegen einer schwierigen Trennung oder einer nicht bestandenen Prüfung. Auch Bauern, die Selbstmord begehen, weil sie mit den Herausforderungen nicht umgehen und ihre Schulden nicht decken können, sind traurigerweise nur ein weiteres Beispiel für jenes Phänomen. Depressionen haben weltweit zugenommen, was Zweifel daran aufkommen lässt, ob uns unser technologischer und wirtschaftlicher Fortschritt in die richtige Richtung führt.

Zweifelsohne können eine stattliche Summe auf dem Bankkonto oder eine gute Rente dabei helfen, unsere Bedürfnisse zu befriedigen, und vielleicht bleibt sogar genug, um uns ein paar Wünsche zu erfüllen. Gesundheit, nette Freunde und ein stabiler Job helfen uns dabei, uns glücklich, sicher und frei zu fühlen. Doch was geschieht, wenn all das plötzlich wegfällt?

Denn so unwahrscheinlich so etwas zuvor erschienen war, ist es heute für viele auf der Welt Realität geworden. Wie geht man damit um? Wie bewahrt man Ruhe, wie stellt man sich solchen Herausforderungen? Die Geschichte erzählt uns von großen Persönlichkeiten, die sich scheinbar unüberwindbaren Widrigkeiten und Widerständen gegenübersahen, aber immer weitermachten, bis sie schließlich sogar erfolgreich waren. Wie schafften sie das, möglicherweise ohne all die Dinge, die uns Halt oder Sicherheit bieten? Was gab ihnen diese Stärke?

Dazu fällt mir eine passende Geschichte ein, die mich nicht mehr losgelassen hat, seit ich sie vor vielen Jahren zum ersten Mal gehört habe. Es handelt sich um einen Vorfall, der sich im Leben Alexanders des Großen während dessen Eroberung der damals bekannten Welt zugetragen haben soll. Es heißt, dass ihn, bevor er Griechenland verließ, sein Lehrer Aristoteles bat, einen Yogi aus Indien mitzubringen, weil diese schon damals für ihre große Weisheit und ihre esoterischen Lehren bekannt waren. Als er den Himalaja überquert und Indien erreicht hatte, hörte Alexander von einem großen Yogi, der angeblich in den nahe gelegenen Wäldern lebte.

Alexander sandte einen seiner Generäle aus, um den heiligen Mann zu ihm zu bringen. Als sich der General dem Ort näherte, an dem der Yogi angeblich wohnte, sah er einen Mann in Meditation sitzen, der seine Umgebung scheinbar nicht wahrnahm. Im Näherkommen machte sich der General dem Yogi bemerkbar, doch erst nachdem er ihn mehrmals angesprochen hatte, öffnete der Yogi endlich die Augen und sprach. Der General befahl ihm, mitzukommen, denn der große Kaiser Alexander der Große habe ihn zu sich gerufen. Der Yogi machte deutlich, dass ihn dies nicht kümmere, ließ den

General wissen, dass dieser seine Meditation störe, und bat ihn zu gehen. Die Antwort des Yogis schockierte den General. Er versprach dem Yogi viele schöne und wertvolle Geschenke, wenn er nur mit ihm käme, doch ohne Erfolg. Der General drohte dem Yogi sogar mit schwerwiegenden Konsequenzen, sollte er sich weiterhin weigern, der Aufforderung Alexanders des Großen Folge zu leisten. Doch der Yogi ließ sich nicht überzeugen, schloss wieder die Augen und bewegte sich keinen einzigen Zentimeter von der Stelle.

Verblüfft über diesen Vorfall kehrte der General zu Alexander zurück und berichtete von seiner Begegnung mit dem heiligen Mann. Außer sich, aber auch neugierig, weil sich jemand so unverhohlen seiner Anordnung widersetzt hatte, und das selbst unter Androhung von Strafe, beschloss Alexander, den Yogi selbst zu besuchen. Dort angekommen, erklärte er dem Yogi, wer er war und dass er ihm besser Folge leisten solle, wenn er seinen Kopf behalten wolle. Der Yogi antwortete jedoch gelassen und erklärte Alexander, dass dieser lediglich die Macht über seinen Körper habe, der sowieso eines Tages sterben würde. »Ob Ihr ihn jetzt tötet oder ob er in ein paar Jahren von allein stirbt, macht keinen Unterschied«, sagte der Yogi. »Mein Geist allerdings ist unsterblich, unzerstörbar und stets glückselig. Über ihn habt Ihr keine Macht. Und er ist, was ich wirklich bin. Ihr mögt also tun, wie es euch beliebt, und auch ich werde tun, wie es mir beliebt. Nun stört mich nicht länger bei meiner Meditation.« Und damit schloss der Yogi wieder seine Augen.

Abgesehen von der Erschütterung darüber, dass ihm jemand den Gehorsam verweigerte, der sich nicht einmal die Mühe machte, ihn gebührend zu grüßen, war Alexander auch erstaunt über die Furchtlosigkeit und Gelassenheit dieses heiligen Mannes. Er hatte noch nie jemanden getroffen, der wie dieser Yogi keine Angst vor dem Tod oder um sein eigenes Wohlergehen hatte. Dies ließ ihn nachdenklich werden, und er fragte sich, was der Yogi wusste, das ihm selbst verborgen war.

Das machte auch mich stutzig. Denn schon in jungen Jahren hatte ich genug Erfahrung damit gemacht, wie das Leben uns erschüttern kann, egal, wie sehr man versucht, sich einzureden, dass wieder alles gut wird. Als ich noch sehr jung war, wurde bei meiner Mutter Krebs diagnostiziert, und es gab Momente, in denen nicht einmal die Ärzte wussten, ob sie die Behandlung überleben würde. Für ein Kind ist die Mutter die stärkste und unerschütterlichste Quelle von Stärke, Halt und Sicherheit, und allein der Gedanke, dass meine Mutter leiden oder vielleicht nicht mehr bei uns sein könnte, war beinahe unvorstellbar. Später versuchten unsere Eltern, vor uns zu verbergen, wie belastend es war, dass sie nicht genug Geld hatten, um die einfachsten Dinge zu kaufen. Denn wir waren zu jung, um es zu verstehen oder etwas dagegen zu tun. Der Wechsel in die Oberstufe wurde von einer weiteren Veränderung bei uns zu Hause begleitet, als unsere Eltern meinem Bruder und mir mitteilten, dass sie sich scheiden lassen würden. Plötzlich sah ich meinen Vater nur noch an den Wochenenden, manchmal noch seltener.

Und das sind nur ein paar Beispiele für Ereignisse, die mich oder die Menschen um mich herum wirklich aus der Bahn geworfen haben. Sie ließen mich darüber nachdenken, wie große Meister wie Buddha einen so dauerhaften Frieden und eine derartige Kontrolle über ihren Geist erlangen konnten, ohne sich auf etwas zu stützen, das von außen kommt, ja nicht einmal auf ein Zuhause. Wahrscheinlich hatten deshalb die Geschichten bedeutender Heiliger der Vergangenheit eine solche Anziehungskraft auf mich. Oder eine Dokumentation über die Shaolin-Mönche im Fernsehen oder die Geschichten meines Vaters über die Yogis in Indien und Tibet, denen er auf seinen Reisen begegnet war. Oder die kleine Buddhastatue, die im Zimmer meiner Mutter stand. Als würden sie mich stumm bitten, mehr über ihre Geschichte zu lernen. Was würde ich nicht alles dafür geben, das Leben so gelassen nehmen zu können, mich in jeder Situation so ruhig und sicher zu fühlen? Wie konnten Menschen, die so wenig besaßen, so zuversichtlich und in Frieden mit sich sein, ohne sich auf dieselben Dinge zu verlassen, die wir dafür brauchen? Es ist diese verborgene Kraft und dieser unerschütterliche Frieden, die mich schon in frühen Jahren zu den Traditionen des Ostens hinzogen.

Natürlich ist meine Situation nicht einzigartig, wir alle haben in unserer Kindheit und Schulzeit Herausforderungen erlebt. Seien wir doch ehrlich, in diesem Alter kommen uns unsere Probleme nicht weniger beängstigend, schwierig oder wichtig vor. Wer hat noch nie schlecht geschlafen, weil am nächsten Tag eine wichtige Matheklausur oder ein Referat vor einem Lehrer bevorstand, der einen nicht mochte? Wer hat noch nie stundenlang versucht, den Mut aufzubringen, jemanden um ein Date zu bitten? Nur um, nachdem wir ein Ja bekommen haben, genauso unruhig zu sein, weil die Dinge eventuell nicht laufen könnten wie geplant oder gehofft? Wir bekommen das Gefühl, dass wir ohne etwas nicht leben können, und versuchen dann verzweifelt, es zu ergattern. Nur um herauszufinden, dass die Anspannung und die Angst nicht aufhören, denn nun könnten wir es auch wieder verlieren. Wenn dem so ist, wie kann man in einer Lage weltweiter Unsicherheit, wie wir sie während des Covid-19-Lockdowns erlebten, überhaupt Ruhe bewahren? Die Depressions-, Selbstmord- und Scheidungsraten sowie häusliche Gewalt erlebten während dieser Zeit allesamt einen sprunghaften Anstieg und das in nur wenigen Wochen. Das zeigt uns, dass wir nicht dafür ausgerüstet sind, mit Unsicherheit und Veränderung umzugehen – jedenfalls nicht angemessen.

Trotzdem begegnet man hin und wieder jemandem, der von all diesen Dingen unbeeindruckt zu sein scheint. Es war die Suche nach diesem unerschütterlichen Frieden, die mich anfangs dazu brachte, verschiedene Kampfsportarten zu lernen und mich mit Büchern und Lehren buddhistischer Traditionen und Yoga zu beschäftigen. Was war es, das Menschen dazu bringen konnte, sich so furchtlos, ruhig und in beinahe jeder Situation wohlzufühlen? Ich habe Menschen getroffen, die zwar nur sehr wenig besaßen, aber trotzdem glücklicher waren als die meisten Menschen auf diesem Planeten. Weil ich mit Filmen wie *Karate Kid* und *Star Wars* aufwuchs, beneidete ich die Jungen, die einem echten »Meister« begegneten, der ihnen beibrachte, wie sie ihren Geist beherrschen und darüber hinauswachsen konnten. Durch die Ruhe, Kraft und Zentriertheit, die sie so erreichten, konnte sie so leicht nichts mehr umwerfen, selbst in den schwierigsten Situationen oder im Umgang mit gefährlichen Menschen.

In Wahrheit haben wir, wenn wir zurückblicken, im Leben alle einen ähnlichen Zustand erlebt. Wenn du an deine eigene Kindheit zurückdenkst, wirst du dich an eine Zeit erinnern, in der du freier und ruhiger warst. Dir war egal, wie viele Freunde du hattest oder ob sie dich wirklich mochten. Dir war egal, was dir gehörte oder ob es genug für dich war. Du warst in jedem Augenblick frei, und hast dein Leben in vollen Zügen genossen. Du hast dir keine Sorgen über den nächsten Tag gemacht und du warst weder traurig noch verärgert über den Vortag. Ein Kieselstein oder ein Zweig zum Spielen reichten aus, damit du Spaß hattest – stundenlang! Selbst wenn du dich über etwas geärgert hast, dann höchstens für ein paar Minuten, und danach war es vorbei, fort, und du konntest dich ins nächste Abenteuer stürzen.

Wann sind wir also falsch abgebogen? Wann haben wir angefangen, unser Glück und unseren Frieden, unsere Freiheit und unsere Sicherheit an bestimmte Bedingungen zu knüpfen? Warum haben wir begonnen, diese Gefühle mit Faktoren zu verbinden, die außerhalb unserer selbst liegen? An Faktoren wie unseren Kontostand, wie Annehmlichkeiten, Beziehungen und Erfolg, über die wir so oft keine Kontrolle haben? Wir haben die Kontrolle über unser Glück abgegeben, und jetzt ist es an der Zeit, dass wir sie uns zurückholen.

Wenn wir unsere Schritte zurückverfolgen, führen sie uns zu uns selbst zurück, sie führen uns nach innen. Wir können innere Stabilität nur anstreben, wenn wir für unseren Geisteszustand die Verantwortung übernehmen und dafür, wie wir mit den Situationen umgehen, vor die uns das Leben stellt. Das beginnt damit, uns mit der Realität zu arrangieren, mit der Welt, die wir uns geschaffen haben.

Wirf einen ehrlichen Blick auf dein Leben und denke an all die Bedingungen, an die du dein Wohlergehen, deine Freude und deinen Frieden bindest. Das Problem zu kennen und es zu verstehen, ist der erste Schritt in Richtung Lösung. Unsere Sicherheiten sind die Dinge, von denen wir denken, dass sie uns Stabilität geben, dass wir auf sie zurückgreifen können. Das Problem ist, dass wir dazu neigen, uns auf Dinge zu verlassen, die sich jederzeit ändern können, und dann werden wir erschüttert. Unsere Welt bricht zusammen. Was verstört dich wirklich, was macht dir Angst oder könnte dich aus dem Gleichgewicht bringen? Worauf kannst du nicht verzichten? Und dann frage dich, warum das so ist. Was geben dir diese Situationen, Bedingungen, Beziehungen oder Annehmlichkeiten, das du noch nicht besitzt oder worauf du nicht verzichten kannst? Als Kinder hatten wir all das nicht und waren trotzdem glücklich, friedlich, froh, voller Liebe und Begeisterung. Was hat sich also geändert?

Wenn wir unser Leben betrachten, stellen wir fest, dass sich alles ändert, ob wir wollen oder nicht. Manche Veränderung geschieht vielleicht langsamer, aber das bedeutet nicht, dass sie nicht existiert. Wirf einen genauen Blick auf dein Leben. Dein Körper hat sich verändert und verändert sich weiter, mit jedem Tag, jedem Monat, jedem Jahr und jedem Jahrzehnt. Deine Gedanken haben sich verändert, deine Vorlieben und Abneigungen, deine Werte und Einstellungen. Die Musik, die du in der Schule geliebt hast, gefällt dir vielleicht nicht mehr, und die Ziele, die du dir gesetzt hast, haben sich im Laufe der Zeit geändert. Dein Freundeskreis hat sich verändert und die Menschen, mit denen du dich wohl und geborgen fühlst, haben sich auch geändert. Wie du dich selbst wahrnimmst, hat sich geändert, und auch, wie du von anderen wahrgenommen werden willst. Sogar deine Erinnerung hat sich geändert – nicht nur, woran du dich erinnerst, sondern auch wie du dich erinnerst. Ein Vorfall, der dir das Herz gebrochen hat, war vielleicht ein paar Jahre lang schwierig für dich, aber dann wurde das Gefühl hinter der Erinnerung immer schwächer. An Dinge, die dir einmal ungerecht vorkamen, erinnerst du dich jetzt als Glück im Unglück oder als eine Lektion, durch die du gelernt hast, geschickter zu sein oder die dir mehr Tiefgang und Mitgefühl für andere verliehen hat.

Wenn wir uns unser Leben genau ansehen, merken wir, dass wir von Geburt an Veränderung erlebt und uns daran angepasst haben. Natürlich soll das nicht heißen, dass wir stets glücklich waren oder dass wir nie mit Herausforderungen konfrontiert waren, uns nie geärgert haben. Aber wir konnten immer weitermachen und unser Gleichgewicht zurückgewinnen.

Und wenn wir uns unser Leben noch genauer ansehen, merken wir, dass wir all diese Veränderungen nur deshalb bemerken können, weil es eine Sache gibt, die sich nie geändert hat. Um Veränderung wahrzunehmen, benötigt man immerhin einen Bezugspunkt. Man braucht etwas, das gleichbleibt, etwas, das wir ansehen und woran wir erkennen, dass sich der Rest verändert hat. Dieser Vergleichspunkt ist dein wahres Ich. Dein »Selbst« oder dein »Sein« oder wie auch immer du es gerne nennen würdest. Du.

Nicht dein Körper, denn du weißt, du bist mehr als bloß ein Körper. Die bloße Tatsache, dass du von »deinem Körper« sprichst und nicht von »dir«, zeigt schon, dass du getrennt davon existierst. Auf die gleiche Weise sprichst du über »deinen Geist«, »deine Gedanken«, »deine Erinnerungen« und »deine Gefühle«. Vielleicht ist es dir nie aufgefallen, aber auf eine subtile Art ist dir schon bewusst, dass du mehr als all diese verschiedenen Schichten oder Dimensionen deiner Existenz bist. Manchmal bekommst du eine Ahnung davon, wenn du nach Jahren alte Freunde, Kollegen oder entfernte Verwandte wiedertriffst. Du bist schockiert – sie haben sich so sehr verändert! Du erkennst sie fast nicht wieder, und trotzdem fühlst du dich selbst noch immer gleich, als hättest du dich nicht verändert. Sogar wenn du auf dein eigenes Leben zurückblickst, die frühe Kindheit, die Grundschul- und Oberschulzeit, wenn du dir die Bilder ansiehst und dich an all die Hochs und Tiefs, die Herausforderungen und Abenteuer erinnerst, fühlst du, dass es, obwohl das Leben so anders war und du selbst so anders warst, einen Teil in dir gibt, der sich nie verändert hat. Das bist du. Das ist es, was du wirklich bist. Und was auch immer du erlebt hast, ob gut oder schlecht, hat diesen Teil von dir unberührt gelassen. Um wirklich glücklich, zufrieden und erfolgreich im Leben zu sein, müssen wir unerschütterlich werden, zumindest teilweise. Und das beginnt damit, dass wir unsere Aufmerksamkeit auf das lenken, was sich nicht ändert. Diesen Anker im Leben zu finden, wird es dir erlauben, erfolgreich durch alle Gefühlsstürme und Herausforderungen zu segeln. Das ist das Zentrum deiner Existenz.

Diesen Teil deiner selbst zu entdecken, ihn bewusst wahrzunehmen, sich mit ihm zu identifizieren, ist es, worum sich Meditation ganz und gar dreht. Unsere Identität und Existenz Schicht für Schicht freizulegen, bis wir den Punkt erreichen, der außerhalb jeder Zeit liegt und von ihr unberührt ist. Das ist die Quelle deiner wahren Kraft und um sie zu finden, müssen wir den Blick nach innen wenden. An dieser Stelle möchte ich hinzufügen, dass Meditation nicht bloß Achtsamkeit ist, sondern viel mehr, und wir werden später darauf zurückkommen. Meditation ist auch nichts, wofür man sich einfach irgendeine App herunterlädt und etwas anhört, wenn man gerade Zeit hat. Meditation braucht Übung, ein bisschen Selbstreflexion und Hingabe – aber keine Sorge, dieses Buch wird dich auf dieser Reise begleiten. Es handelt sich um einen Weg, der allen offensteht, nicht nur denen, die richtig fit sind oder Lust haben, alles aufzugeben und in eine Höhle am Himalaja zu ziehen.

Sicher, Kung Fu Panda oder Luke Skywalker mögen nur ein paar Stunden gebraucht haben, um den Blick nach innen zu wenden und ihre wahre Stärke zu finden, um sich so allen Herausforderungen zu stellen und sie meistern zu können. In der Realität ist es nicht ganz so einfach. Du und ich brauchen vielleicht ein bisschen mehr als ein paar Stunden, um diese Kunst zu erlernen, aber das bedeutet nicht, dass es unerreichbar ist. Und es zahlt sich aus, für jeden.

Ich hatte das große Glück, mit 16 einen wahren Meister der Meditation kennenzulernen, Gurudev Sri Sri Ravi Shankar, bei dem ich damals zu lernen begann. Seit er mir vor 15 Jahren seinen Segen gab, unterrichte ich Menschen in Meditation und darin, wie sie ihren Geist lenken können. Und wenn es eine Sache gibt, die alle meine Schüler gemein haben, ist es diese: Sie alle sind genauso wie du und ich. Ob Staatsoberhäupter, Hausfrauen, Studenten, Gefängnisinsassen, Konzernleiter oder Dorfbewohner – sie alle haben ähnliche Probleme. Wenn sie unter Stress stehen, Angst haben oder verärgert sind, können sie ihr Leben nicht genießen, arbeiten nicht effektiv und finden es schwer, wieder ins Gleichgewicht zu finden, wenn ihr Leben nicht läuft wie geplant. Schon die denkbare Möglichkeit, dass die Dinge nicht laufen könnten, wie erhofft, kann ausreichen, um schlaflose Nächte, Stress und Angst zu verursachen. Sie beraubt die Menschen ihrer Fähigkeit, zu genießen, was ihr Leben zu bieten hat, seien es kleine Freuden oder große Erfolge.

Haben wir nicht alle schon erlebt, wie köstliches Essen oder eine schöne Aussicht ihren Reiz verlieren, wenn wir gestresst, ängstlich oder aufgeregt sind? Unsere Lebensqualität hängt stark von unserem Geisteszustand ab und doch haben wir nie gelernt, wie dieser Geist tatsächlich funktioniert und wie wir ihn steuern können.

In den folgenden Kapiteln werden wir uns gemeinsam auf eine wunderbare Reise nach innen begeben und unsere Schritte zurückverfolgen, um herauszufinden, wo wir die falsche Abzweigung genommen oder ein Zeichen übersehen haben. Sei dir bewusst, dass du den wichtigsten Schritt bereits getan hast: Du hast innegehalten. Du hast innegehalten, um dich nicht weiter von dem wahren Glück, dem Frieden und der Freiheit zu entfernen, die dir bisher stets durch die Finger geglitten sind. Durch dein Innehalten bist du deinem Ziel einen Schritt nähergekommen. Dies ist eine Reise, die es dir ermöglichen wird, Schritt für Schritt wieder die Kontrolle über dein eigenes Glück zu erlangen.

Je weiter du voranschreitest, desto eher wirst du inspiriert sein, einfache Werkzeuge, die du hier erlernst, in dein tägliches Leben zu integrieren. Dadurch wirst du nicht nur glücklicher, sondern kannst auch zu einer Art Leuchtturm und einer Zuflucht für die Menschen um dich herum werden. Keine Sorge, du musst dafür nicht im Lotussitz sitzen oder deine gemütliche Wohnung gegen eine Felshöhle irgendwo in den Bergen eintauschen. Du bist lange genug den Dingen dieser Welt hinterhergejagt. Vielleicht hast du deinen Job gewechselt, deine Beziehung, bist in eine neue Stadt oder sogar ein neues Land gezogen. All das hat dich müde gemacht und zu keinem dauerhaften Ergebnis geführt. Jetzt ist es an der Zeit, sich auszuruhen, neue Energie zu tanken und endlich den Blick nach innen zu wenden.

## ∞ WEISHEITS-SUTRAS ∞

- Veränderung ist die einzige Konstante im Leben. Erkenne an, dass Veränderung unvermeidbar ist und nimm sie bereitwillig an.
- Du nimmst die Veränderungen um dich herum wahr, weil es einen Teil von dir gibt, der sich nie ändert. Erkenne diesen unveränderlichen Teil deiner selbst an und sei dir bewusst, dass dies dein wahres Selbst ist.

## 10-MINUTEN-ÜBUNG

Erstelle eine Liste all der Dinge, auf die du dich im Leben verlässt und auf die du nicht verzichten kannst oder willst. Versuche zu erkennen, wie viele davon Veränderung unterliegen und sich jederzeit ändern könnten. Es könnte sich um den Job handeln, den du seit zehn Jahren machst, oder um deine Ersparnisse für die Ausbildung deiner Kinder, um deine Beziehung oder das Haus, das du in einigen Jahren nach ein paar weiteren guten Investitionen endlich kaufen wirst.

Je stärker das Gefühl, dass du ohne diese Dinge nicht leben kannst, desto stärker hast du dein Glück, dein Sicherheitsgefühl und deinen inneren Frieden davon abhängig gemacht. Frage dich, warum du nicht ohne diese Dinge leben kannst – wonach suchst du außerhalb deiner selbst, um dich wohl oder ruhig zu fühlen? Was können dir diese Dinge geben, das du noch nicht besitzt, um dich in deinem Leben frei zu fühlen? Kannst du auch glücklich sein, wenn du all das nicht bekommst?

# VERSTEHEN, WIE UNSER GEIST AUF VERÄNDERUNG REAGIERT

*Es war ein warmer, sonniger Tag – ganz sicher kein Tag, um drinnen zu bleiben. Die Sommerferien standen vor der Tür und mit ihnen das Versprechen von Freiheit. Das Einzige, was zwischen mir und einem völlig neuen Kapitel meines Lebens stand, waren meine Oberstufen-Abschlussprüfungen. Ich war ein guter Schüler, aber wir haben doch alle diese speziellen Fächer, mit denen wir uns herumplagen. In meinem Fall war es hauptsächlich Physik, und obwohl ich das Fach mochte, waren meine Noten während des Jahres nicht gut genug, dass ich es mir leisten konnte, die Abschlussprüfung zu vermasseln. Jedenfalls nicht, wenn ich mein Abitur machen wollte.*

Die letzten paar Tage hatte ich mit intensivem Lernen verbracht und versucht, so viele Informationen wie möglich in mein Gehirn zu quetschen. Doch leider funktioniert mein Geist genauso wie der aller anderen: Je größer die Anspannung, desto weniger kann man tatsächlich aufnehmen. Während ich zwei bis drei Stunden am Stück lernte, machte ich mir hauptsächlich Sorgen um das Ergebnis der Prüfung, stellte mir vor, dass ich sie bestand oder scheiterte, und zählte immer wieder, wie viele Seiten mir noch blieben. Nach jedem Umblättern gab es zwei Möglichkeiten: Eine Seite voller großer Diagramme, Bilder oder Zeichnungen verpasste mir einen Motivationsschub. Aber eine Seite voller Text bedeutete deutlich mehr Arbeit und Anspannung. »Komm schon, konzentrier dich, nur noch ein Tag bis zur Prüfung«, sagte ich mir. Aber sich konzentrieren wollen und es tatsächlich tun, sind leider nicht dasselbe. Ganz so einfach ist es nicht.

»Sie haben drei Stunden, um die Klausur abzuschließen. Es ist nicht gestattet, sich zu unterhalten, und Ihre Handys müssen ausgeschaltet sein. Sie dürfen den Raum erst verlassen, wenn Sie Ihre Klausur abgegeben haben«, erklärte der Lehrer, bei dem wir die Prüfung ablegten. Ich platzierte meine Uhr, Bleistifte, Kugelschreiber und einen Radiergummi ordentlich vor mir auf dem Tisch. Nachdem ein Helfer die Prüfungsunterlagen mit der Vorderseite nach unten auf meinen Tisch gelegt hatte, betete ich still zu wem auch immer da oben, er solle mir helfen, diese Prüfung zu bestehen.

Ich drehte den zusammengehefteten Papierstapel um und überflog die Fragen in der Hoffnung, viel Bekanntes oder Lösbares zu sehen. Allerdings kam ich nicht weit. Schon die *ersten beiden Fragen ergaben keinen Sinn. War das Teil des Prüfungsstoffes? Hatte ich etwas verpasst?*

*Mein Gehirn versuchte verzweifelt, sich daran zu erinnern, was die Begriffe bedeuteten oder wann wir sie vielleicht im Unterricht behandelt hatten, aber es half nichts. Meine Hände begannen leicht zu schwitzen, und mir wurde klar, dass es nur zwei Möglichkeiten gab. Entweder konnte ich in Panik verfallen, die Prüfung in den Sand setzen und später mit den Konsequenzen leben. Oder ich konnte das Beste aus dem machen, was mir das Leben vor die Füße warf.*

*Ich schloss einen Moment die Augen, atmete ein paar Mal tief durch und beschloss dann, mit der dritten Frage zu beginnen und mein Bestes zu geben, sie gut zu beantworten. Falls mir noch Zeit blieb, könnte ich mir die ersten beiden Aufgaben am Schluss nochmal ansehen, und vielleicht würde ich dann auch eine Idee bekommen, wie ich sie lösen könnte.*

Leider sind wir alle früher oder später im Leben mit so einer Situation konfrontiert. Die schlechte Nachricht ist, dass uns das nicht nur ein-, zweimal passiert, sondern dass wir in einem endlosen Kreislauf zu stecken scheinen. Egal, wie gut man glaubt, vorbereitet zu sein, das Leben neigt dazu, uns auf immer neue und unerwartete Weise zu überraschen, wie es selbst der klügste Kopf nie erwartet hätte. Die Dinge laufen nicht nach Plan, und man kann nur versuchen, die Situation so gut wie möglich zu handhaben. Aber hier liegt das Problem: Wir haben nie gelernt, das zu tun. Wir sind jahrelang zur Schule gegangen, aber niemand hat uns je beigebracht, wie wir mit unserem Geist umgehen können. Oder vielleicht haben unsere Lehrer es selbst nie gelernt?

Schon in den ersten Schuljahren ermahnten uns unsere Lehrer, zumindest hin und wieder, aufzupassen. Es ist nicht so, als hätten wir nicht aufpassen wollen. Welcher Schüler würde sich nicht lieber wirklich konzentrieren, gut in der Schule sein und nur ein Drittel der Zeit mit Lernen und Hausaufgaben verbringen, die er sonst braucht? Welcher Angestellte würde sich nicht lieber auf seine Arbeit konzentrieren, um mehr zu leisten und dabei weniger Fehler zu machen und das auch noch in deutlich kürzerer Zeit? Wäre es nicht viel einfacher, wenn wir uns auf das konzentrieren könnten, was wir tun, anstatt uns Sorgen darüber zu machen, was vielleicht geschehen könnte? Oder uns über etwas zu ärgern, das nicht lief, wie geplant? Und doch hat uns in all den Schuljahren nie jemand beigebracht, wie unser Geist, den wir zum Lernen und auch für alles andere im Leben nutzen, wirklich funktioniert. Wir geben uns so viel Mühe und sind letztendlich doch diesem unberechenbaren Ding ausgeliefert, das wir unseren Geist nennen. Er kann ganz plötzlich verrücktspielen, kann unter Stress geraten, traurig oder ängstlich sein und uns trotz all des Guten in unserem Leben ins Chaos stürzen.

Man kann einen guten Job, eine glückliche Familie und viele andere Dinge haben, die man sich einmal gewünscht hat, und es trotzdem schwierig finden, abends einzuschlafen. Egal, wie oft man sich selbst sagt, dass es keinen Sinn ergibt, sich über die Präsentation am nächsten Tag Sorgen zu machen. Egal, wie sehr man einer guten Freundin auch nahelegt, endlich den Ex-Freund zu vergessen, der mit ihr Schluss gemacht hat, weil sich alle einig sind, dass sie ohne ihn besser dran wäre. Tief in unserem Inneren wissen wir alle, dass es nicht ganz so einfach ist. Sie würde ihn auch gerne vergessen, hinter sich lassen, glücklich sein und das Leben wieder genießen, aber wie? Man kann sich selbst erklären, dass man loslassen muss, aber meistens hört unser Geist nicht auf uns – kein bisschen! Genau deshalb funktioniert sogenanntes »positives Denken« oder der angestrengte Versuch »achtsam zu sein« nicht – sie können den Stress sogar noch verstärken und den Geist ermüden.

Was aber, wenn dieses unberechenbare Ding gar nicht unberechenbar ist? Was, wenn es Gesetze gibt, die unseren Geist steuern, feste Regeln, die uns, wenn wir sie einmal richtig verstehen, helfen können, unseren Geist erfolgreicher zu steuern? Wenn du dir dein Leben genau ansiehst, wirst du sehen, dass dein Geist womöglich das größte Hindernis ist, das zwischen dir und einem glücklichen, friedlichen Leben steht.

Wir verwenden so viel Zeit und Energie darauf, all die Dinge zu erreichen, die wir angeblich brauchen, um glücklich zu sein. Seien es Beziehungen, ein komfortabler Lebensstil, Erfolg, Reisen um die Welt, ehrenamtliche Arbeit oder etwas anderes. Doch selbst wenn es uns gelänge, alles zu bekommen, was wir uns wünschen, gibt es keine Garantie dafür, dass wir es auch genießen können. Ein Anruf, eine SMS, unerwartete Nachrichten oder ein Streit mit einem geliebten Menschen können ausreichen, um unseren Gemütszustand und damit unsere Lebensqualität zu beeinträchtigen. Menschen, die in den schönsten Häusern wohnen und ein Leben führen, nach dem sich so viele sehnen, müssen oft Medikamente gegen Depression und Stress einnehmen oder haben Schlafprobleme. Wir müssen aufwachen und erkennen, dass Komfort und Glück nicht dasselbe sind. Um wirkliche Zufriedenheit im Leben zu erlangen, müssen wir den Blick nach innen wenden. Und wenn wir das tun, werden wir als Erstes auf unseren Geist stoßen.

Ohne Frage ist unser Geist der am stärksten überlastete und gleichzeitig am wenigsten genutzte Teil unserer menschlichen Existenz. Er spielt buchstäblich bei allem, was wir tun, eine Rolle, und trotzdem haben wir uns nie die Zeit genommen, ihn wirklich zu verstehen. Er ist sowohl für unsere kreativsten und genialsten Einfälle als auch für unsere größten Fehler und Misserfolge verantwortlich. Und doch haben wir nie gelernt, wie unser Geist funktioniert oder wie wir ihn handhaben können. Wenn wir unseren Geist und die Gesetze, die ihn steuern, verstehen, können wir endlich wieder Kontrolle erlangen – über unseren Geist und damit über unser Leben.

Wenn du deinen Geist genau beobachtest, wird dir auffallen, dass er ungern bei dem bleibt, was du gerade tust. Er zieht gern Kreise, ob in Richtung Vergangenheit oder Zukunft. Halte einfach für einen Augenblick inne und beobachte, was geschieht. Während du dieses Kapitel liest, hast du dich vielleicht an etwas erinnert, was du heute noch erledigen musst, oder du hast von einem anderen Du geträumt, das in der nahen Zukunft ohne Stress, Sorge und Unsicherheit lebt. So viele vergangene Ereignisse oder Menschen sind in deinem Kopf aufgetaucht und das ohne deine Erlaubnis. Das Interessante daran ist, dass unser Geist kaum Zeit im gegenwärtigen Moment verbringt und wir uns dessen meistens gar nicht bewusst sind. Erst wenn wir einen Fehler machen, uns zum Beispiel beim Teekochen heißes Wasser über die Hand schütten oder mit unserem Zeh am Sofatisch anstoßen, wird uns klar, dass wir »geistesabwesend« waren. Weil wir im Geiste nicht wirklich bei dem sind, was wir gerade tun, machen wir Fehler, verrichten Arbeiten halbherzig und erhalten mittelmäßige Ergebnisse – nicht nur in der Arbeit, sondern auch in unseren Beziehungen.

Wenn du dich selbst genau beobachtest, wann immer du konzentriert, entspannt, fröhlich oder kreativ bist, dann wirst du erkennen, dass sich dein Geist in diesen Momenten vollkommen im gegenwärtigen Augenblick befindet. Glück bedeutet also, dass dein Geist im Jetzt, also präsent ist, und zwar voll und ganz. Wann auch immer du traurig, verärgert, aufgebracht oder genervt bist, wirst du erkennen, dass dein Geist an einem Ereignis der Vergangenheit hängen geblieben ist – an etwas, das du nicht loslassen kannst. Sorge, Angst und Stress sind hingegen allesamt Zeichen dafür, dass der Geist in der Zukunft feststeckt. Er versucht, auf der Grundlage deiner vergangenen Erfahrungen und deines Wissens, die möglichen Folgen von etwas, das gerade geschieht, abzuwehren. Aber wir alle können uns an eine Zeit erinnern, als uns unser Geist weniger plagte. Wir alle haben erlebt, was es bedeutet, wirklich frei zu sein.

Weißt du noch, wie es war, ein Kind zu sein? Wie frei und glücklich und friedlich dein Leben war? Morgens bist du voller Energie und Tatendrang aufgewacht. Es war ein neuer Tag und du konntest es nicht erwarten, endlich wieder zu spielen. Du hast dir keine Sorgen gemacht, was der Tag noch bringen oder wie es morgen oder nächste Woche sein würde. Und du hast auch nicht darüber nachgedacht, was gestern passiert ist, oder darüber, was dieser Junge zu dir gesagt hat oder warum dieses Mädchen dein Spielzeug nicht zurückgegeben hat. Du warst vollkommen im Jetzt, egal wobei. Selbst wenn du dich im Laufe des Tages ärgern musstest oder aufgebracht warst, dann hat es nie länger als einen Augenblick angehalten, und du hast deinen Gefühlen freien Lauf gelassen. Danach ging es dir wieder gut. Du warst so frei, so glücklich und so präsent im Jetzt. Doch als du älter wurdest, wurde dein Leben komplizierter, und das Gleiche gilt für unseren Geist.

Niemand macht sich gern Sorgen über die Zukunft, und niemand hängt gern in der Vergangenheit fest. Das Problem ist, dass unser Geist nicht auf uns hört. Oft scheint es sogar so, als hätte er etwas gegen uns. Je angestrengter man versucht, nicht an jemanden zu denken, desto öfter taucht die Person in unseren Gedanken auf. Je angestrengter man versucht, sich an etwas zu erinnern, desto unwahrscheinlicher wird es, dass man sich tatsächlich erinnert. Sobald man aufhört, sich anzustrengen, taucht es plötzlich wieder auf. Fast, als ob unser Geist uns zeigten wollte, wie sinnlos all die Anstrengung war, sich erinnern zu wollen. Haben sich nicht schon die meisten von uns gefragt, ob Gott vielleicht etwas gegen uns hat, wenn wir uns, kaum haben wir den Prüfungssaal verlassen, plötzlich wieder klar und deutlich an all das erinnern, was wir in den vergangenen Tagen gelernt haben, all das, was uns kurz zuvor beinahe auf der Zunge lag, aber eben knapp außer Reichweite war? Dies ist nur eines von vielen Beispielen dafür, wie wenig wir unseren Geist verstehen und wie wenig wir ihn unter Kontrolle haben. Es ist nicht so, als hätten wir zu wenig gelernt oder als hätten wir das Thema nicht gekannt, aber wir waren nicht in der Lage, die nötige Information zum richtigen Zeitpunkt abzurufen, sosehr wir uns auch anstrengten.

Oder lag es vielleicht gerade daran, dass wir uns so sehr anstrengten? Ein weiteres Gesetz des Geistes ist, dass er von

Mühelosigkeit und nicht von Anstrengung geleitet wird. Das Gesetz unseres Körpers ist Anstrengung; das ist es, woran wir gewöhnt sind und was uns beigebracht wurde. Um den Körper zu trainieren, um stärker, beweglicher oder geschickter zu werden, müssen wir uns anstrengen, üben und trainieren. Im Sport, zum Erlernen eines Instruments, aber auch für alles andere braucht es Übung, also Anstrengung. Unser Geist wird allerdings von einem ganz anderen Gesetz geleitet. Ob wir uns an etwas erinnern wollen, kreativ, konzentriert oder ruhig sein wollen: Anstrengungslosigkeit ist der Schlüssel.

→ Wir müssen lernen, loszulassen.

Natürlich tun wir das manchmal, bewusst oder unbewusst, sonst könnten wir abends nicht einschlafen. Aber um gleichzeitig konzentriert und entspannt zu sein, braucht es die richtige Anleitung und Übung. Und genau das ist es, worum es sich beim Meditieren dreht. Meditation ist ein besonderer Zustand ruhigen Gewahrseins, und mit regelmäßiger Übung lernt der Geist, auch dann entspannt und ruhig zu bleiben, wenn er aktiv ist. Dadurch wird unser Geist viel effektiver und widerstandsfähiger.

Ein weiteres Gesetz unseres Geistes ist, dass unser Gemütszustand und dessen psychische Widerstandsfähigkeit eng mit unserem Energielevel verbunden sind. Wenn du dich genau beobachtest, wirst du erkennen, dass dich die gleiche Situation oder der gleiche Vorfall nicht immer beunruhigen oder zumindest nicht in demselben Ausmaß. Manchmal braucht es nur eine Kleinigkeit, um dich aus dem Gleichgewicht zu bringen und deinen Geist in eine Spirale negativer Emotionen zu schicken, während dich der gleiche Vorfall an anderen Tagen kaum berührt. Siehst du genau hin, wirst du merken, dass es an Tagen, an denen du sowieso schon müde oder ein bisschen deprimiert bist und kaum Energie hast, nur wenig braucht, um dich aus der Ruhe zu bringen. Wenn du aber energiegeladen und gut ausgeruht bist, merkst du, dass dich das Gleiche kaum berührt. Dich um deinen Energiehaushalt zu kümmern, wird dir also auch dabei helfen, deinen Geist und deine Gefühle zu kontrollieren.

Wichtig ist, zu verstehen, dass diese Dynamik in beide Richtungen wirkt; deine Geistesverfassung beeinflusst auch deinen Energiehaushalt. Wir alle waren schon einmal den ganzen Tag mit der Vorbereitung einer Überraschungsfeier, einer Party oder einem anderen festlichen Anlass beschäftigt und haben uns am Ende trotzdem bestens gefühlt. Etwas zu tun, für das wir wirklich brennen, scheint uns sogar Energie zu geben, anstatt sie uns zu nehmen. Gleichzeitig wissen wir, wie auslaugend es sein kann, etwas zu tun, das wir eigentlich nicht mögen oder worauf wir keine Lust haben. Bloßes Herumsitzen und sich über etwas Sorgen zu machen, reicht schon aus, um dir Energie zu rauben. Alles, was du tun musst, ist sitzen bleiben und deinem Geist erlauben, sich immer tiefer in den Kummer hineinzudenken. Selbst um sich der Tatsache bewusst zu werden, dass der Geist irgendwann falsch abgebogen ist, braucht es einen bestimmten Grad des Bewusstwerdens, um wieder auf den richtigen Pfad zu finden. Deshalb praktizierten die Yogis Atemübungen oder Pranayama, um sich auf ihre Meditation vorzubereiten. Manche dieser Techniken sind wirksame Werkzeuge, um Körper und Geist schnell mit Energie zu versorgen und sie gleichzeitig ruhig und achtsam werden zu lassen. Die Yogis achteten außerdem darauf, dass ihre Ernährung und ihr Lebensstil für einen hohen Energielevel sorgten, denn sie wussten, dass all diese Faktoren unseren Geist mit beeinflussen.

Tatsächlich gehören die Atemtechniken zu den einfachsten Möglichkeiten, den Geist unter Kontrolle und schnell wieder in einen ruhigen Zustand zu bringen, wenn er gestört wurde oder den Fokus verloren hat. In unseren Art-of-Living-Kursen lehren wir einige dieser Techniken. Sie sind einer der Hauptgründe, warum ich vor vielen Jahren, als ich noch in die Oberstufe ging, begann, an diesen Kursen teilzunehmen. Schon im Kampfsporttraining hatte ich gelernt, den Atem einzusetzen, um meinen Geist zu beruhigen und zu fokussieren. Aber weil das im Training nur selten praktisch angewendet wurde, wollte ich dies unbedingt weiter erforschen und tiefer gehen. Der Geist mag nur schwer zu kontrollieren sein und nicht wirklich auf uns hören, aber durch das richtige Atmen wird es viel einfacher.

Ein wunderbares Beispiel, das ich in meinem ersten Art-of-Living-Kurs gelernt habe, ist, dass der Geist wie ein Papierdrachen ist und unser Atem wie die Schnur. Ohne die Schnur flattert der Drachen wild umher, dem Wind frei ausgesetzt. Aber die Schnur erlaubt uns, zu kontrollieren, wohin er fliegt, wie weit und wie hoch hinauf. Ich habe gelernt, dass, wann immer unsere Geistesverfassung oder unsere Gefühle sich ändern, sich auch der Rhythmus unseres Atems ändert und andersherum läuft es ebenso. Natürlich haben wir auch im Kampfsport gelernt, unseren Geist zu stabilisieren, indem wir uns auf unseren Atem konzentrierten. Aber plötzlich wurde mir klar, dass diese Praxis vielschichtig ist. Es gibt nicht nur zwei Arten: ruhig oder unruhig. Es gibt eine ganze Palette an Gefühlen und Geisteszuständen, und sie alle spiegeln sich in einem anderen Atemrhythmus wider. Dadurch, dass wir unseren Atem bewusst wahrnehmen und ändern, wie wir atmen, können wir diese Zustände des Geistes beeinflussen oder umkehren. Wenn man sich ärgert, wird der Atem schneller und flacher, wenn man emotional ist, wird er zittrig. Ist man traurig oder macht sich Sorgen, atmet man stärker aus. Ist man aber entspannt und glücklich, atmet man natürlicherweise tiefer ein. Ich begann, mit diesen Techniken zu experimentieren, und mir wurde klar, dass mir allein schon die Tatsache, dass ich mir meiner Atmung bewusst wurde, sie verlangsamte und vertiefte, wann immer mein Geist gestört wurde, ein bisschen half, auf unerwartete Herausforderungen zu reagieren. Zwar konnte ich dadurch vielleicht nicht meinen gesamten Stress, meine Frustration oder meinen Ärger loswerden, aber zumindest war mein Geist wieder zentriert und achtsam. Das erlaubte mir, weniger impulsiv zu handeln.

Aber obwohl wir all das wissen, sehen wir, dass es in derselben Situation den einen bestens geht, während die anderen unglücklich, verärgert oder aufgebracht sind. Vielleicht hast du das Gefühl, dass du im Leben mit extremen Herausforderungen kämpfen musst, während andere Menschen mit ähnlichen oder schlimmeren Problemen kaum davon betroffen zu sein scheinen. Ich habe mich früher oft gefragt, wie das sein kann. Dazu fällt mir eine passende Geschichte ein, die ich vor vielen Jahren gehört habe und die mir einen Hinweis gab. Es geht um einen Vorfall, der sich im Leben Buddhas zugetragen haben soll. Die Geschichte gibt uns einen Einblick, wie wir unseren Geist von unnötigem Ärger, von Traurigkeit und Reue befreien können, die uns davon abhalten, im Jetzt glücklich und friedlich zu sein, und sie lehrt uns, mit unangenehmen Situationen umzugehen.

Buddha hielt sich für ein paar Tage in einem wunderschönen Garten am Rande einer kleinen Stadt auf und predigte jeden Tag, um seine Lehren mit denen zu teilen, die kamen, um ihm zuzuhören. Einem örtlichen Geschäftsmann fiel irgendwann auf, dass seine Söhne und ein paar von deren Freunden jeden Tag für einige Stunden verschwanden, um Buddha zuzuhören, und das verärgerte ihn mehr und mehr. »Dieser sogenannte heilige Mann füllt die Köpfe meiner Söhne mit allem möglichen Unsinn, während sie eigentlich hier sein und das Geschäft führen sollten«, dachte er. »Mit geschlossenen Augen herumsitzend, werden sie kein Geld verdienen!«

Schließlich entschloss er sich, seinem Ärger Luft zu machen, und ging dorthin, wo Buddha saß und lehrte. Als er den Ort erreicht hatte, bahnte er sich einen Weg durch die Menge und ging geradewegs auf Buddha zu. Weil er so plötzlich vor ihm stand und nicht wusste, was er zu dem Heiligen sagen sollte, äußerte er seinen Ärger dadurch, dass er dem Buddha ins Gesicht spuckte.

Die Schüler Buddhas wurden wütend und ärgerten sich, wussten aber nicht, was sie tun sollten, weil der Buddha nichts sagte und den Mann bloß anlächelte. Der Mann war erschüttert und wusste nicht, wie er darauf reagieren sollte, dass Buddha ihn anlächelte. Er begann, sich unbehaglich zu fühlen, drehte sich um und ging durch die Menge zurück nach Hause.

In dieser Nacht fand der Mann keinen Schlaf. Das lächelnde Gesicht Buddhas verfolgte ihn – es war die einzige Reaktion, die er nicht erwartet hatte, und er wusste nicht, was er davon halten sollte. Als er sich wieder beruhigt hatte, wurde ihm klar, dass er sich unzivilisiert und unangemessen verhalten hatte und dass er dem Heiligen große Respektlosigkeit entgegengebracht hatte. Da er sich schuldig fühlte, machte er sich am nächsten Tag wieder auf den Weg und näherte sich zögernd Buddha, bis er schließlich wieder vor ihm stand. »Oh Großer Buddha, bitte verzeiht mir mein gestriges Verhalten. Ich weiß nicht, was über mich gekommen ist. Bitte vergebt mir meine Dummheit und meinen Ärger.«

Der Mann blickte nun zu Buddha auf, der immer noch sanft lächelte. »Das kann ich nicht«, antwortete Buddha. Dies zu hören überraschte nicht nur den Mann, sondern auch die Anhänger Buddhas. Ihr Meister war die Verkörperung der Barmherzigkeit, und doch war er nicht bereit, diesem Mann sein früheres, unhöfliches Verhalten zu verzeihen? »Ich kann dir nicht vergeben«, fuhr der Buddha lächelnd fort, »weil du nichts Falsches getan hast.«

»Mein Herr, ich glaube, Ihr erkennt mich nicht wieder«, antwortete der Mann. »Ich bin der, der gestern hier war und Euch ins Gesicht spuckte.«

»Nein, das bist du nicht«, antwortete der Buddha. »Du bist nicht derselbe Mann, der du gestern warst. So wie auch ich nicht dieselbe Person bin, die gestern angespuckt wurde. Und wo wir doch beide andere Menschen sind, wie soll ich dir da vergeben? Wer soll vergeben, wem soll vergeben werden und wofür?«

Diese Geschichte wird oft erzählt, um zu veranschaulichen, wie wahre Barmherzigkeit aussieht. Aber sie zeigt uns auch, wie wir unseren Geist von der unnötigen Last vergangener Ereignisse befreien können, die uns immer wieder heimsuchen. Es ist eine Technik, die in den yogischen Schriften gelehrt wird und die Buddha, selbst ein Yogi, ebenfalls kannte. Tatsache ist, je mehr Bedeutung wir einem Ereignis geben, desto stärker werden unsere Eindrücke und desto eher werden sie zu störenden, ständig wiederkehrenden Gedanken.

Hast du dich je gefragt, warum bestimmte Gedanken immer wiederkommen, andere aber nicht? Hast du je genau darauf geachtet, woran du dich erinnerst und woran nicht? Vielleicht erinnerst du dich daran, was jemand vor ein paar Jahren hinter deinem Rücken über dich gesagt hat. Aber du erinnerst dich nicht daran, was du vor einer oder zwei Wochen zu Mittag gegessen hast, außer, es war etwas Ausgefallenes oder ein besonderer Anlass. Du weißt nicht mehr, was du gegessen hast, weil es dir nicht wichtig war. Aus demselben Grund erinnern sich viele von uns nicht an ihre Träume. Vielleicht wachen wir ängstlich, traurig oder auch sehr glücklich auf, aber nach wenigen Augenblicken wird uns klar, dass wir nur geträumt haben, und die Gefühle lassen in Sekundenschnelle nach. Ein paar Stunden später erinnern wir uns meistens gar nicht mehr an den Traum.

Vielleicht hat dich ein Arbeitskollege im Traum schlecht behandelt, aber wenn du ihn im echten Leben triffst, erinnerst du dich nicht mehr daran, und schon gar nicht würdest du es ihm vorhalten. Wenn überhaupt, erinnerst du dich nur schwach und kannst mit deinem Kollegen vielleicht sogar darüber lachen, was er dir im Traum so alles angetan hat. Aber wenn auch nur ein Bruchteil dessen, was in deinem Traum geschah, im »wirklichen Leben« passiert wäre, hätte es deine Arbeitsbeziehung gestört und vielleicht wochen-, monate- oder sogar jahrelang dein Wohlbefinden und deinen Frieden im Büro beeinträchtigt. Der einzige Unterschied besteht darin, wie viel Bedeutung du dem Ereignis zugemessen hast.

Man könnte argumentieren, dass diese beiden Szenarien nicht vergleichbar sind, weil Träume nicht »echt« sind. Aber das Prinzip, um das es hier geht, trifft mit Sicherheit auf unseren Geist zu und gilt. Ein anderes Beispiel wäre etwa, dass eine fremde Person dich beschimpft oder auf dem Nachhauseweg auf der Straße anschreit. Vielleicht ärgerst du dich nicht allzu sehr darüber, denn vielleicht hat dich die Person mit jemandem verwechselt oder war betrunken. In den meisten Fällen wirst du dich ein paar Tage später gar nicht mehr an den Vorfall erinnern. Wenn diese Person aber jemand aus deiner Familie oder deinem Arbeitsumfeld wäre, dann würde das ganz anders aussehen. Warum? Weil wir dem Vorfall dann viel mehr Bedeutung beimessen. Ein Trauma ist ein Zustand, in dem man es nicht schafft, sich von einem Vorfall zu lösen; von etwas, das man gesehen, gehört oder erlebt hat und das einen immer wieder aufwühlt. Man könnte also sagen, dass wir, solange wir es nicht schaffen, die Vergangenheit wirklich hinter uns zu lassen, alle zu einem gewissen Grad traumatisiert sind.

Es sind also nicht so sehr die Herausforderungen und Situationen selbst, die uns wirklich aus der Ruhe bringen und uns unseren Seelenfrieden rauben, sondern die <u>Eindrücke</u>, die sie zurücklassen. Diese Eindrücke holen unseren Geist immer wieder zurück in die Vergangenheit oder schicken ihn in die Zukunft, sodass er zwischen Ärger, Traurigkeit und Enttäuschung auf der einen Seite und Angst, Stress und Unsicherheit auf der anderen Seite hin und her schwankt. Und genau hier finden wir einen Hinweis darauf, wie wir ein glücklicheres und friedlicheres Leben führen können. Je mehr du deinen Blick nach innen wendest, desto eher wird dir klar werden, dass es nicht die Außenwelt ist, die dein Glück und deinen Seelenfrieden bestimmt, sondern die Welt, die du in dir selbst erschaffen hast. Es ist das Gepäck, dass wir beim <u>Älterwerden</u>

angesammelt haben, seien es negative Erfahrungen oder nur Träume und Vorstellungen davon, wie unser Leben sein sollte. Sie belasten uns und erlauben es uns nicht, Frieden zu finden, wohin auch immer uns das Leben treibt.)

Dir dessen bewusst zu werden, bedeutet, dass du den nächsten Schritt gemacht hast, um deinem Ziel näherzukommen. Du wirst langsam erkennen, dass es dir bei aller Ernsthaftigkeit nie an Anstrengung oder Hingabe gefehlt hat, sondern dass du einfach nach den falschen Dingen gesucht hast oder vielleicht eher am falschen Ort. Komm mit, lass uns weitergehen, bleib nicht stehen. Du bist jetzt bereit, die richtigen Fragen zu stellen. Sie werden dich am Ende auch zu den richtigen Antworten führen.

Aber wie auf jeder Reise, die sich im Leben wirklich lohnt, sollte man zwischendurch immer wieder innehalten und sich umsehen. Oft haben wir die schönsten Erlebnisse und machen die wertvollsten Entdeckungen, während wir eigentlich nach etwas anderem gesucht haben. Der Geist hat viele Geheimnisse, die er demjenigen offenbart, der innehält und wirklich zuhört.

## ∞ WEISHEITS-SUTRAS ∞

- Das Gesetz des Geistes ist die Mühelosigkeit. Je ruhiger und entspannter dein Geist ist, desto mächtiger wird er.
- Auf der Ebene des Geistes ist weniger mehr. Je leerer dein Geist ist, desto glücklicher, friedlicher und freier bist du.
- Je mehr Bedeutung du einem Ereignis zumisst, desto stärker werden deine Eindrücke davon. Werde dir der vergänglichen Natur der Dinge bewusst – das wird deinen Geist befreien.

# 10-MINUTEN-ÜBUNG

Setz dich in Ruhe hin und nimm dir einen Augenblick, um dir den heutigen Tag und die letzten paar Tage durch den Kopf gehen zu lassen. Welche Dinge haben deinen Geist beschäftigt, während du anderes getan hast? Welche Dinge oder Menschen belasten dich oder führen dazu, dass du dich ärgerst, unwohl fühlst oder sorgst? Schreib alles auf, eins nach dem anderen. Nimm dir Zeit, wirklich in dich zu gehen. Wenn dir nicht viel einfällt oder du gerade an nichts denken kannst, dann beobachte deinen Geist am nächsten Tag und notiere dir, wann immer er an etwas hängen bleibt, das in der Vergangenheit oder der Zukunft liegt.

Jetzt sieh dir all die Dinge an, die du aufgeschrieben hast, eines nach dem anderen, und frage dich, warum du ihnen so viel Bedeutung zukommen lässt. Dir wird auffallen, dass dein Ärger, deine Traurigkeit und deine Frustration über Vergangenes sowie deine Ängste und Sorgen über die Zukunft auf den Erfahrungen und Vorstellungen beruhen, die du über die Jahre gesammelt hast.

Wach auf und mach dir bewusst, dass die Vergangenheit vorbei ist. Was auch immer geschehen ist, was auch immer jemand zu dir gesagt hat oder dir angetan hat, ist vorbei. Sie ist jetzt nichts weiter als ein Traum, und die einzige Macht, die sie über dich hat, ist die, die du ihr gibst. Je eher du die Vergangenheit loslassen kannst, desto eher wirst du dich von den Gefühlen hinter den Ereignissen befreien, die deinen Geist beunruhigen, und desto freier wirst du sein.

Schließ jetzt für einen Moment die Augen und lass bewusst deine ganze Vergangenheit los. Lass alles los; das Gute, das Schlechte, das Richtige und das Falsche. Lass deine Identität los und alles, was du über dieses Leben und diese Welt zu wissen glaubst. Lass all deine Erfahrungen los. Fühl dich, als wärst du gerade erst auf diese Welt gekommen, als wärst du ein unbeschriebenes Blatt Papier. Du hast keine Vergangenheit, keine Pläne für die Zukunft, keine Ziele, Ängste oder Vorstellungen davon, wer du bist oder wie die Dinge sein sollten. Lass deine ganze Vergangenheit los und werde dir bewusst, wie leer und ruhig dein Geist wird und wie frei du dich gerade fühlst.

## Kapitel 3

# WONACH SUCHST DU?

*Es war erst 8 Uhr, also hatte ich noch Zeit, endlich die E-Mails in meinem Posteingang durchzugehen. Die letzten vier Tage hatte ich ein Yogaseminar in Rishikesh für eine Gruppe südamerikanischer Yogaenthusiasten geleitet. Ich öffnete meinen Laptop, loggte mich in mein E-Mail-Konto ein und sah, dass 50 unbeantwortete Mails auf mich warteten. Als ich den Blick über die Absender wandern ließ, fiel mir ein bekannter Name auf: Shweta.*

*Etwa zwei oder drei Jahre zuvor hatte mich Shweta zum ersten Mal auf Facebook kontaktiert und mich um meinen Rat und Segen gebeten. Sie hatte gerade ihren Job in Dubai verloren, und außerdem hatte ihr Freund plötzlich mit ihr Schluss gemacht, gerade als sie gedacht hatte, dass sie bald heiraten würden. Sie wollte unbedingt heiraten, unter anderem, weil sie Anfang 30 war und ihre Eltern ziemlichen Druck auf sie aus-*

übten. Ich hatte ihr Tipps gegeben, wie sie mit diesen Situationen umgehen und ihren Geist steuern konnte. Ihr Leben blieb in den darauffolgenden Monaten anstrengend, denn aus ein paar weiteren möglichen Heiratsanträgen wurde genauso wenig wie aus den Bewerbungen, die sie an verschiedenste Unternehmen schrieb. Und dann, eines Tages, schrieb sie mir, dass ihre Gebete erhört worden waren. Sie hatte sich bei einer Bank um eine offene Stelle beworben, an der sie schon seit Jahren interessiert war, und hatte sie bekommen. Außerdem war sie mit Vishal bekannt gemacht worden, der in den USA arbeitete. Sie hatten miteinander telefoniert, und er klang sehr liebenswürdig, aufmerksam, bescheiden und hatte starke Wertvorstellungen. Er passte perfekt zu ihr. In den Folgemonaten wurden sich auch die Familien bezüglich der Heirat einig, und der Tag, für den sie gebetet hatte, kam endlich. Danach erhielt ich nur noch eine E-Mail, in der sie mir erzählte, dass ihr Leben nun genauso war, wie sie es sich gewünscht hatte, und dass sie überglücklich war.

Aber dann, ein paar Monate später, bekam ich neue Nachrichten von Shweta. Sie musste nun einen Job in den USA finden und machte sich Sorgen, ob sie etwas bekommen würde, das ihr gefiel und das gut bezahlt wurde. Außerdem musste sie dort erst noch neue Freunde finden und fühlte sich unwohl, wenn ihr Mann Zeit mit seinen Freunden verbrachte. Sie konnte nicht viel mit ihnen anfangen und es machte ihr keinen Spaß, mit ihnen zusammen zu sein. Er wollte auch etwas Zeit mit seinen Freunden verbringen, aber sie wollte ihn nicht aus den Augen lassen. Das führte dazu, dass sie sich stritten, woraufhin sie sich Sorgen machte, dass er sie verlassen würde und sie am Ende wieder allein wäre. Ihre Unsicherheit und ihre Forderungen belasteten die Beziehung noch mehr, und sie *wurde immer ängstlicher. Nachdem sie sich für verschiedene Stellen beworben hatte, stellte eine große Bank sie ein. Aber wie sie bald herausfand, war der Job nicht das, was sie sich erhofft hatte. Sie hatte das Gefühl, dass sie nicht tat, was sie sich für ihr Leben vorgestellt hatte. Sie ging zur Arbeit, aber fühlte sich dort unglücklich, denn sie wollte im Grunde nicht dort sein. Zu mir sagte sie, dass sie natürlich Glück hatte, denn sie musste nicht zu Hause sitzen, sondern hatte einen guten Job und ein ordentliches Gehalt, also mehr als viele andere Menschen auf der Welt. Sie hatte alles, wofür sie gebetet hatte, und trotzdem war sie nicht wirklich glücklich.*

*Ich hielt einen Augenblick inne, nahm einen Schluck von meinem Kräutertee und begann dann, eine Antwort zu schreiben.*

Wonach suchst du im Leben? Warum bist du hier? Auch wenn du noch nicht so weit bist, dir diese grundlegenden Fragen zu stellen, kommst du nicht umhin, Entscheidungen im Leben zu treffen. Und in den meisten Fällen wird dir erst im Nachhinein klar, dass du vielleicht nicht dort bist, wo du hinwolltest, oder nicht hast, was du wolltest. Die Freude, die Erfüllung, der Frieden, das wahre Glück oder die wahre Liebe, die du so sehr wolltest, gleiten dir immer wieder durch die Finger, fast greifbar, aber doch unerreichbar. Je unglücklicher wir sind, desto lauter werden diese Fragen. Aber alle, die es tatsächlich geschafft haben, diese Ziele zu erreichen, werden dir das Gleiche sagen – die Antwort, nach der du suchst, und das, wonach du dich am meisten sehnst, waren schon immer da und können nie verloren gehen. Diese Erkenntnis kommt erst dann, wenn du anfängst, die richtigen Fragen zu stellen.

Meine Freunde aus der Oberstufe und der Uni machen heute fast alle beruflich etwas anderes als das, was sie studiert haben. Das liegt nicht daran, dass sie keine Jobs gefunden hätten, für die sie qualifiziert sind, sondern daran, dass sie diese Jobs gar nicht machen wollten. Sie hatten erkannt, dass sie lieber etwas anderes machen wollten.

So geht es vielen von uns. Wir beginnen mit etwas, nur um irgendwann herauszufinden, dass es nicht das ist, »was wir wirklich wollten« oder was wir uns vorgestellt haben. Traurigerweise verbringen die meisten Menschen ihr ganzes Leben auf diese Weise. Sie wissen nicht genau, was sie wollen oder wonach sie suchen, und das führt immer wieder zu Enttäuschung und Frustration. Es ist, als ob man in einen Zug steigt, aber nicht weiß, wohin man fahren möchte. Man steigt irgendwo aus, sieht sich um und stellt fest, dass man nicht dort gelandet ist, wo man hinwollte. Man weiß zwar nicht genau, wohin man wollte, aber das hier ist sicher nicht der richtige Ort. Kommt dir das bekannt vor?

Du suchst nach wahrem Glück, nach anhaltender Freude und echter Freiheit, aber du weißt nicht, wo du sie finden kannst oder wo du mit der Suche beginnen sollst. Eines Tages wachst du auf und dir wird klar, dass die Beziehung, in der du bist, nicht so ist, wie du es dir erhofft hattest. Oder dass dein Job nicht so ist wie erwartet. Und du bist dir sehr sicher, dass du so nicht den Rest deines Lebens verbringen willst. Du weißt nur, dass es ganz bestimmt nicht das ist.

An diesem Punkt geben sich viele geschlagen und gehen stur immer weiter denselben Weg, selbst wenn sie desillusioniert sind und tief in sich ahnen, dass er sie nicht dorthin führt, wo sie landen wollen. Aber jetzt ist es zu spät, umzukehren; sie sind diesen Weg schon so lange gegangen.

Andere, mutigere oder waghalsigere Menschen entscheiden sich vielleicht dazu, den Sprung ins kalte Wasser zu wagen und einen neuen Weg einzuschlagen. Sie wählen eine der vielen Möglichkeiten, die sie zu wahrem Glück führen sollen, und widmen sich ihr rückhaltlos. Doch auch das kann verwirrend sein, denn wenn wir uns die Werbung ansehen, mit der wir von früh bis spät bombardiert werden – für alles von Spezialseife, Deo, Instantnudeln bis hin zu Luxusuhren und neuen Sport- oder Geländewagen –, sie verspricht uns immer wahres Glück, das perfekte Familienleben oder Freiheit.

Irgendwann in unserer Kindheit haben wir aufgehört, einfach nur im Moment glücklich zu sein, mit dem, was wir gerade hatten. Stattdessen haben wir begonnen, unser Glück aufzuschieben und es mit etwas zu verknüpfen, das noch nicht da war. Du hast gesehen, wie deine älteren Geschwister sich auf ihren ersten Tag in der Oberstufe vorbereiteten und eine große Tasche mit Büchern und einem Taschenrechner packten, und dir gedacht: »Wenn ich endlich in die Oberstufe komme und auch so eine Tasche habe, dann werde ich richtig glücklich sein.« Aber als du diese Dinge haben konntest, von denen du dir versprochen hattest, dass sie dich glücklich machen würden, dauerte es nur einen Augenblick, bis dein Geist sich etwas Neues suchte, nach dem er sich sehnen konnte. Wenn ich dies oder das erst habe, dann werde ich richtig glücklich sein. Ob es das neueste Smartphone war, das deine Freunde hatten, oder ein Date mit diesem gut aussehenden Typen oder jenem hübschen Mädchen oder eine Reise nach Europa.

Ich erinnere mich noch daran, als während meiner Zeit in der Oberstufe weite Klamotten im Baggy-Stil in den Niederlanden in Mode kamen. Sie waren neu, sie waren cool, und plötzlich war die Kleidung, die ich im Jahr zuvor getragen hatte, mindestens zwei bis drei Größen zu klein für mich – obwohl ich gar nicht so sehr gewachsen war. Meine Eltern hatten sich zwei Jahre zuvor scheiden lassen, und mein Bruder und ich lebten bei meiner Mutter. Wir waren glücklich, aber wir hatten nie viel Geld, und wir waren es gewöhnt, unsere Kleidung im Secondhandladen zu kaufen. Ich hatte ein bisschen Geld gespart, das ich mit Zeitungaustragen verdient hatte, und kurz zuvor angefangen, an den Wochenenden als Tellerwäscher und Küchenhelfer in einem Bistro in der Stadt auszuhelfen. Ich konnte es nicht erwarten, endlich diese modisch weiten Hosen und den Oversized-Kapuzenpullover und die T-Shirts zu kaufen, die den Look vervollständigen würden. Und natürlich auch die Schuhe, am besten DCs, denn das war die Marke, die die Skater trugen. Ich hatte schon alle großen Läden abgeklappert, die solche Kleidung in unserer Stadt verkauften, sogar mehrmals. Ich sah mir vorsichtig die Preisschilder an und rechnete mir aus, wie viele Wochenenden ich noch arbeiten müsste, um sie mir leisten zu können. Die Schuhe waren am teuersten.

Dann kam endlich der Tag, und weder heftiger Regen noch Sturm konnten mich aufhalten. Bis ich wieder zu Hause war und mein Fahrrad vor unserem Garten abgestellt hatte, war ich komplett durchnässt. Aber meine Augen leuchteten! Ich hielt drei Plastiktüten in der Hand, gefüllt mit drei neuen T-Shirts, zwei Kapuzenpullis, zwei XXL-Hosen, einem neuen Gürtel (um die lächerlich großen Hosen oben zu halten) und, endlich, meinen neuen DC-Schuhen! Ich weiß noch, wie mich meine Mutter vom Küchenfenster aus anlächelte, weil ich so glücklich war. Sie teilte meine Freude und war die Erste, die mir sagte, ich solle meine neuen Klamotten anziehen und sie ihr vorführen. Im Nachhinein schätze ich ihre Reaktion noch mehr, denn so klug wie sie war, muss sie gewusst haben, dass diese Kleidung, für die ich so hart gearbeitet hatte, ihren Reiz nur eine Zeit lang behalten würde. Und genau so war es auch. Die ersten paar Tage, vielleicht Wochen, trug ich sie voller Stolz und fühlte mich großartig mit meinem Modebewusstsein. Aber schon bald hatte mein Geist etwas Neues gefunden, auf das er sich konzentrieren konnte. Wenn ich so einen neuen CD-Player bekommen könnte, wie mein Freund ihn hatte, dann könnte ich überall Musik hören, sogar auf dem Weg zur Schule mit dem Fahrrad. Wieder einmal hatte ich mein Glück erfolgreich aufgeschoben. Und so geht es immer weiter. Wir suchen an so vielen Orten, dass wir vergessen, auf die dezenten Hinweise zu achten, die unser Geist und unser Bewusstsein uns geben, um uns tatsächlich an unser Ziel zu bringen.

Wenn du dein Leben und deinen Geist ein bisschen genauer betrachtest, wirst du etwas Faszinierendes bemerken. Immer, wenn du etwas wirklich genießt, immer, wenn du Freude oder Glück empfindest, dann hält dein Geist für einen Augenblick inne und richtet sich nach innen. Der Geist, der normalerweise so gefangen und verloren in allen Sinneswahrnehmungen ist, der in so viele Richtungen gezogen wird, hört plötzlich auf, sich nach außen zu bewegen, und dreht um. Denke doch mal darüber nach, was passiert, wenn du etwas richtig Köstliches isst. Ein besonders gutes Eis, das dir deine Freunde mitgebracht haben. Du steckst dir einen Löffel voll Eis in den Mund, und was passiert? Für einen Moment schließt du die Augen und erlebst den Geschmack in vollen Zügen. Du nimmst die Erfahrung in dich auf und ein Gefühl der Freude, der Zufriedenheit, der Ruhe keimt in dir auf, wenn auch nur für einen Moment. Wann auch immer du etwas Köstliches isst, schließt du ganz von allein kurz die Augen, um den Moment zu genießen. Er bringt dir Freude.

Etwas Ähnliches geschieht, wenn du etwas Außergewöhnliches riechst, wie eine wilde Rose oder Jasmin oder auch ein feines Parfum. Wenn du den Geruch einatmest, schließen sich deine Augen kurz von allein und dein Geist hält inne, während du die Erfahrung so vollständig aufnimmst, wie es nur geht. Aber nimmst du die Erfahrung in dich auf oder lenkt dich die Erfahrung nach innen? Ob du etwas Schönes hörst, zum Beispiel Musik, die dich berührt, oder ob es die Berührung eines geliebten Menschen ist – all diese Dinge haben einen ähnlichen Effekt auf uns. Wir schließen kurz die Augen, unser Geist wendet sich nach innen und wir erleben einen Augenblick der Freude, des Glücks oder des Genusses.

Leider läuft es aber nicht immer so. Diese Tatsache liefert uns einen weiteren Hinweis. Du hörst irgendwo ein Lied, das solche Glücksgefühle in dir weckt, dass du den Titel recherchierst und es dir herunterlädst oder es streamst. Der Gedanke dahinter ist der, dass du dir erhoffst, beim erneuten Hören noch einmal das gleiche Glück oder die gleiche Ruhe zu erleben. Aber meistens hat es die gleiche Wirkung kein zweites Mal. Dasselbe gilt für einen Film, den du gesehen hast und der dich berührt hat, oder ein großartiges Essen im Restaurant. Obwohl wir genau das Gleiche tun, erzielen wir nicht die gleiche Wirkung. Das bedeutet, dass die Freude oder die Ruhe, die wir empfanden, nicht nur an dem Lied, dem Film oder dem

Essen lag; sie alle waren bloß der Auslöser, der dich zu einem bestimmten Zeitpunkt dazu gebracht hat, dich nach innen zu wenden und die Freude zu fühlen, die schon in dir war. Diese äußeren Reize lösen nicht immer die gleichen Gefühle in dir aus. Wenn du darüber nachdenkst, wird dir klar werden: Wäre es das Essen gewesen, das ein bestimmtes Gefühl in dir weckt, dann sollte das Gericht immer wieder die gleiche Wirkung auf dich haben. Aber so ist es nicht.

Wie oft bist du, in der Hoffnung, du würdest dich dann wieder fühlen wie beim ersten Mal, an einen bestimmten Ort zurückgekehrt, hast das gleiche besondere Gericht wieder bestellt oder den gleichen Film ausgeliehen? Nur um zu erleben, wie deine Erwartungen enttäuscht wurden. Falls du diesen Dingen bisher nie viel Beachtung geschenkt hast, dann fang jetzt damit an, denn es handelt sich um wertvolle Lektionen, die uns das Leben jeden Moment lehrt.

Einen weiteren Hinweis darauf, wie du dieses Rätsel lösen kannst, liefert die Frage, warum Menschen sich gern gruseln oder Spannung mögen. Hast du je darüber nachgedacht? Warum wolltest du als Kind in die Geisterbahn, wenn es einen Jahrmarkt gab? Warum lesen Menschen gerne Horrorgeschichten oder sehen sich gruselige Filme und Thriller an? Warum möchte sich irgendjemand absichtlich unwohl fühlen oder Angst haben? Aus demselben Grund, aus dem Menschen gerne Achterbahn fahren oder schnell mit dem Fahrrad unterwegs sind oder Fallschirmspringen. All diese Erlebnisse haben eine Sache gemein: Einen Augenblick lang hält der Geist inne und fokussiert sich völlig auf das Hier und Jetzt. Denk doch mal nach. Unser Geist, der normalerweise ständig zwischen Vergangenheit und Zukunft hin- und herspringt, sich Sorgen macht, Vergangenes bereut oder sich ärgert, kommt plötzlich zum Stehen. Eine Geschichte oder ein Film oder eine Erfahrung erzeugen eine Spannung, die den Geist anhalten und ins Jetzt kommen lassen. Nur aus diesem Grund freust du dich über diese sogenannten gruseligen Erlebnisse und hast ein gutes Gefühl dabei. Sie sind ein Mittel, um deinen Geist vorübergehend in den gegenwärtigen Moment zu versetzen. Jede Erfahrung, die deinen Geist so absolut ins Hier und Jetzt bringt, verursacht ein gewisses Maß flüchtiger Freude und flüchtigen Glücks, denn Glück liegt nur im Jetzt. Es liegt niemals in der Vergangenheit oder in der Zukunft, sondern nur in der Gegenwart.

Wenn dir klar wird, dass dies dein natürlicher Zustand ist und du nichts von außerhalb brauchst, um glücklich zu sein, musst du nur lernen, wie du deinen Geist geschickt zurückholen kannst, wenn er in der Vergangenheit oder Zukunft feststeckt. Sodass du im Hier und Jetzt sein kannst und dadurch glücklicher bist.

Du kannst auch einen Schritt weitergehen und diese Technik auf Aktivitäten anwenden, die weniger spannend sind. Wenn du deinen Geist komplett auf das fokussierst, was du gerade tust, wirst du ruhiger werden und mehr genießen, woran du gerade arbeitest. Das ist auch einer der Grundsätze der Achtsamkeit. Je mehr du dich dem widmen kannst, was du gerade tust, desto weniger wandert dein Geist in die Vergangenheit – und löst Reue, Sorge oder Stress aus – und in die Zukunft, die auch Ängste, Sorgen und Stress mit sich bringt. Außerdem werden sich deine Leistungsfähigkeit, deine Achtsamkeit und die Qualität deiner Arbeit erhöhen. Denn wenn dein Geist abdriftet, bist du weniger effizient, effektiv und aufmerksam. Ein weiterer Vorteil, der sich daraus ergibt, dass du dich deinen Aufgaben völlig widmest, ist, dass du keinen Raum für Reue lässt. Denn der Gedanke, man hätte mehr tun können oder sollen, lässt die Reue überhaupt erst herein. Sein Tun und sein Leben mit einem Geist zu führen, der im gegenwärtigen Moment verankert ist, hat also jede Menge tiefgreifende Vorteile! Darum sind kleine Kinder auch so glücklich, so enthusiastisch und frei von Stress.

Für diejenigen, die sich nicht daran erinnern, wie es war, ein kleines Kind zu sein: Hast du dich je gefragt, woher Kinder ihre Ruhe nehmen? Sie können in jeder Haltung einschlafen und schlafen so tief und friedlich, völlig sorgenfrei. Du bist vielleicht todmüde und hast trotzdem Probleme beim Einschlafen in deinem gemütlichen Bett, weil du dir Sorgen machst, Stress hast und die anstehenden Aufgaben einfach nicht aus deinem Kopf bekommst. Deine Gedanken rasen. Als kleines Kind wacht man morgens auf und ist voller Energie und Elan, man braucht dafür gar keinen Grund. Wir aber brauchen zuerst eine Tasse Tee oder Kaffee, um in die Gänge zu kommen. Warum? Weil dieser Elan, der uns angeboren ist, irgendwann unterwegs von unseren Sorgen, Wünschen und von Stress überschattet wurde. Als wir klein waren, war unser Geist noch nicht so kompliziert und noch nicht so mit Vergangenheit und Zukunft beschäftigt. Der Geist eines Kindes ist ganz natürlich im gegenwärtigen Moment, und deshalb kann es sich allem voll und ganz widmen und es genießen. Beobachte, wie genau sich ein kleines Kind die Dinge ansieht, ob es eine Blume ist, ein Spielzeug oder der eigene Finger. Du würdest dich wundern, wie viel man lernen kann, wenn man kleine Kinder genau beobachtet.

Die meisten von uns befinden sich allerdings in einer völlig gegensätzlichen Situation. Wenn unser Geist unruhig ist, können wir die Dinge nicht genießen, selbst wenn uns das Leben das köstlichste Essen und die schönste Aussicht präsentiert. Wenn wir nicht lernen, wie wir unseren Geist entspannen und mit unserer wahren Natur in Verbindung treten können, wird es uns vielleicht nie gelingen, Frieden und Glück im Leben zu finden, auch wenn wir all unsere Energie dafür aufbringen.

Soll das heißen, wirst du dich fragen, dass es zum Beispiel falsch ist, nach Zufriedenheit im Beruf zu suchen? Das hängt davon ab. Das Schöne ist, dass man, wenn man eine gewisse Grundzufriedenheit erreicht hat, auch im Beruf zufrieden sein wird. Und das ist es wert, dass man es erreicht. Auf der anderen Seite ist es nicht realistisch und, ehrlich gesagt, auch nicht sehr sinnvoll, wenn man dauernd den Job wechselt oder nach neuen Jobs sucht, weil man dem perfekten Traumjob hinterherjagt. Schließlich ist der Zweck eines Jobs, damit Geld zu verdienen und sich selbst sowie diejenigen, die von einem abhängen, finanziell zu versorgen. Wenn das der Fall ist, muss man sein Hauptaugenmerk darauf richten und nicht darauf, ob der Job das ist, wovon man immer geträumt hat. Wenn der Hauptzweck eines Jobs der ist, dass man immer Freude daran hat, dann ist es kein Job, sondern ein Hobby. Das heißt aber nicht, dass du unglücklich sein musst, denn wie schon gesagt, ist es möglich, echte Zufriedenheit im Beruf zu finden. Aber der Schlüssel dazu ist, dass man bereits zufrieden ist, unabhängig vom Beruf.

Das Gleiche gilt in vielerlei Hinsicht auch für Beziehungen. Je zufriedener und glücklicher du ohnehin schon bist, desto mehr kannst du in der Beziehung geben und desto bedingungsloser werden deine Liebe und deine Unterstützung sein. So kann die Beziehung gedeihen. Wenn du eine Beziehung jedoch aus einem Gefühl der Bedürftigkeit eingehst und erwartest, dass sie dich glücklich macht, dir Ruhe verleiht und das Gefühl gibt, geliebt zu werden oder weniger einsam zu sein, dann ist die Wahrscheinlichkeit viel größer, dass du auf eine Achterbahnfahrt zusteuerst. Vielleicht sogar auf eine Katastrophe. Denn wie mein Meister es einmal wunderbar ausdrückte: Es liegt in der Natur der Liebe, zu geben, und nicht, zu nehmen. Je mehr du nach Liebe verlangst, desto mehr zerstörst du sie, und das gilt auch für eine Beziehung. Ob es um gute Freunde geht oder deinen Partner, je mehr sie von dir und der Beziehung verlangen und desto öfter sie nach Beweisen für deine Freundschaft oder Liebe fragen, desto schneller wird sie nachlassen. Auch wenn du die Person vorher sehr geliebt hast, wird dieses Gefühl abnehmen, bis du an einen Punkt kommst, an dem du die Beziehung beenden musst, um deinen Frieden wiederzufinden. Es ist nichts falsch daran, nach Zufriedenheit, Liebe, Frieden und wahrem Glück zu suchen; es ist vielmehr natürlich und völlig normal. Die Suche danach liegt in unserer Natur, und das Leben treibt uns immer wieder dazu an, bis wir diese Gefühle eines Tages wiedergefunden haben. Aber wenn wir hoffen, das eines Tages zu erreichen, dann müssen wir wissen, wo wir suchen sollen.

Es gibt eine interessante Geschichte, die das Dilemma, mit dem wir es hier zu tun haben, wunderbar veranschaulicht. Zum ersten Mal habe ich sie gehört, als mein Meister sie uns eines Abends während eines öffentlichen Vortrags erzählte. Es handelt sich um einen der lustigen Berichte über Mullah Nasruddin, den exzentrischen Sufi-Philosophen des 13. Jahrhunderts und er beschreibt herrlich die Zwickmühle, in der wir uns auch heute noch befinden. Die Geschichte lautet wie folgt:

Es war Abend, und die Sonne war schon untergegangen, als ein Mann auf dem Nachhauseweg Mullah Nasruddin bemerkte, der im Licht der Straßenlaterne vor seinem Haus auf Händen und Knien hektisch die Straße auf und ab krabbelte. Allem Anschein nach suchte er nach etwas.

»Was machst du um diese Uhrzeit hier draußen, Mullah? Hast du etwas verloren?«, fragte der Mann.

»Ja, ich suche meinen Schlüssel, aber ich kann ihn nirgends finden«, antwortete der Mullah und klang ziemlich verwirrt.

Der Mullah tat dem Mann leid, also beschloss er, ihm zu helfen. »Lass mich dir helfen«, sagte er, begab sich ebenfalls auf die Knie und begann gemeinsam mit dem Mullah nach dem Schlüssel zu suchen. Sie machten eine Zeit lang so weiter, aber der Schlüssel war nirgends zu finden. Irgendwann setzte sich der Mann auf und wandte sich dem Mullah zu. »Wo genau hast du den Schlüssel denn verloren, Mullah? Bist du sicher, dass es hier irgendwo war? Weißt du noch, wo du ihn fallen gelassen hast?«

»Oh ja, ich weiß genau, wo ich den Schlüssel verloren habe«, meinte der Mullah und zeigte auf sein Haus. »Ich habe ihn irgendwo da drinnen verloren.«

Der Mann warf ihm einen verwirrten Blick zu, stand schnell auf und fragte den Mullah irritiert: »Aber warum suchen wir dann hier draußen auf der Straße danach?«

Der Mullah aber antwortete in einem ruhigen, sachlichen Tonfall: »Weil es in meinem Haus sehr dunkel ist. Ich suche hier, weil es heller ist.«

Bevor wir den Mullah verurteilen, sollten wir einen genauen Blick auf unser eigenes Leben werfen, denn viele von uns verhalten sich gar nicht so anders als der Mullah, zumindest was das Suchen angeht. Wir suchen an so vielen Orten nach dem Schlüssel zu anhaltendem Glück und Frieden, aber all diese Orte liegen »außerhalb« unserer selbst. In Wahrheit lag der Schlüssel zu unserem Glück und Frieden immer in uns, und als Kind wussten wir noch, wie man ihn benutzt. Irgendwo unterwegs haben viele von uns ihn allerdings verloren – oder vielleicht ist »verlegt« das bessere Wort. Wir haben begonnen, unser Glück von Dingen, Menschen und Bedingungen außerhalb unserer selbst abhängig zu machen und damit die Kontrolle aus der Hand gegeben. Jetzt suchen wir überall verzweifelt nach dem Schlüssel. Wir wechseln Jobs, Beziehungen, Wohnungen und Urlaubsziele, vergessen aber, wo wir den Schlüssel überhaupt verloren haben.

Mach nicht den gleichen Fehler wie Shweta, denn genau wie sie wirst du dich immer wieder dabei ertappen, dass du dich im Leben unwohl und ängstlich fühlst. Entweder, weil du nicht sicher bist, ob die Sache, von der du dein Glück abhängig machst, endlich in Reichweite ist. Oder, weil du Angst hast, zu verlieren, was dir schon gehört. Zu viele Menschen haben ihr Leben damit verbracht, der Vergangenheit nachzutrauern, sind mit der Gegenwart unzufrieden und sorgen sich um die Zukunft. Dabei verpassen sie die Schönheit, die unser Leben auf dieser Erde zu bieten hat.

Komm, du bist müde vom Suchen, draußen es ist es dunkel geworden und kalt. Jetzt wo du weißt, wo du den Schlüssel verloren hast, ist es an der Zeit, endlich am richtigen Ort zu suchen. Wenn es dir wirklich ernst damit ist, deinen inneren Frieden wiederzufinden, musst du den Blick nach innen wenden.

# ∞ WEISHEITS-SUTRAS ∞

- Wenn dein Geist vollkommen im gegenwärtigen Moment ist, ist er von Natur aus glücklich.
- Wahres, andauerndes Glück kann nur in dir selbst liegen, niemals außerhalb.
- Wann auch immer du denkst, dass etwas oder jemand dich in der Zukunft glücklich machen wird, hast du dein Glück selbst hinausgeschoben.

# 10-MINUTEN-ÜBUNG

Wähle eine deiner täglichen Aufgaben oder normalen Tätigkeiten, die zu deiner Routine gehören, und führe sie diesmal mit einem völlig neuen Gefühl aus.

Widme dich ganz der Tätigkeit und fühle dich, als würdest du sie zum ersten Mal ausführen.

Binde auch deinen Geist ein – lass ihn nicht abdriften, versuche nicht, mehrere Dinge gleichzeitig zu tun. Lass den Geist nicht in die Vergangenheit oder die Zukunft wandern. Egal, was du wählst, ob du Geschirr abwäschst, duschst, den Boden wischst, Brote schmierst oder das Bett machst – wann immer dein Geist abdriftet, hol ihn zurück zu dem, was du tust und tue es so gut und so perfekt du kannst. Vergiss, wie oft du es in der Vergangenheit schon getan hast, und vergiss alles, was du darüber zu wissen glaubst. Vergiss, ob es wichtig ist oder nicht und vergiss, was es dir bringen könnte. Tu es einfach, schenke ihm deine ganze Aufmerksamkeit und beziehe deinen Geist voll in den Prozess mit ein. Du wirst sehen, dass du es immer mehr genießen wirst, je besser du darin wirst. Du wirst anfangen, dich ruhiger und glücklicher zu fühlen.

Als kleines Kind hast du alles so getan, weißt du noch? Du hast dich völlig auf den Löffel konzentriert, den du aufgehoben hast, und einfach zugesehen, wie er zwischen deinen Fingern baumelt. Alles war ein Spiel, und du hast mit solcher Hingabe gespielt, ohne dir über das Ergebnis Sorgen zu machen. Und du warst glücklich.

## Kapitel 4

# DEN INNEREN FRIEDEN FINDEN

»Mary, kannst du bitte eine halbe Stunde lang am Infoschalter übernehmen? Ich mache Mittagspause.« Mary nickte mir lächelnd zu.

»Lass es dir schmecken!«

Als ich aus dem großen Gebäude, in dem sich die öffentliche Bücherei befand, trat, wehte mir eine warme, sanfte Brise den Duft der Köstlichkeiten entgegen, die in den verschiedenen Restaurants am nahe gelegenen Platz serviert wurden. In den Niederlanden sind die Tage rar, an denen man bequem ohne Pullover oder Mantel hinausgehen kann, was sie noch schöner und wertvoller macht.

Die öffentliche Bücherei, in der ich mir etwas Geld dazuverdiente, bevor ich zur Uni ging, befand sich im Herzen von Haarlem und lag inmitten all der Haupteinkaufsstraßen. Ich genoss die Sommersonne auf meinem Gesicht, während ich zum nahe gelegenen Platz spazierte, an dem viele Menschen in den Bistros und Cafés zu Mittag aßen. Ich ging in eine kleine türkische Bäckerei und wurde von einem freundlichen Mann begrüßt, der schon wusste, was ich bestellen wollte.

»Zwei frische türkische Baguettes und ein Spinat-Feta-Brötchen?«, fragte er mich lächelnd. »Ja, das Übliche bitte«, antwortete ich. Ich kam jeden Tag hierher, um mir mein »übliches« Mittagessen zu holen – es war frisch, köstlich, gesund und erschwinglich, also warum sollte ich etwas an meinem Erfolgsrezept ändern?

»Bitte sehr. 2 Euro reichen.«

»Nein, nein, Sie müssen mir keinen Rabatt geben! Es ist doch sowieso schon billig«, erwiderte ich. Der Verkäufer lächelte. »Bitte, nehmen Sie es einfach. Wir freuen uns, dass hier jeden Tag jemand hereinkommt, der lächelt und unsere Arbeit schätzt.« Zwar zahlte ich nur widerwillig den ermäßigten Preis, schätzte aber diese Geste, die von Herzen kam.

Auf dem Rückweg zur Bücherei stieg mir schon der Duft des frisch gebackenen Brotes aus der Papiertüte in meiner Hand entgegen. Das Brot war noch warm, außen knusprig, und innen würde es wunderbar weich sein. Frisch aus dem Ofen! Ich beschleunigte meinen Schritt und ging, nachdem ich das Gebäude betreten hatte, direkt in den Mitarbeiterbereich im obersten Stock. Ich füllte eine große Tasse mit heißer Schokolade aus der Kaffeemaschine und machte mich auf den Weg zu meinem üblichen Platz für Sommertage – ein Stuhl auf der Dachterrasse.

Mit der Sonne im Gesicht und der gelegentlichen warmen Brise, die mir die Geräusche und Gerüche des Stadtzentrums entgegenwehte, war das Leben einen Augenblick lang perfekt.

*Ich schloss die Augen, nahm noch einen Bissen vom frisch ge-*
*backenen Brot, ließ es mir auf der Zunge zergehen und spürte,*
*wie sich ein Gefühl tiefer Zufriedenheit und Ruhe in meinem*
*Körper und Geist ausbreitete. Langsam öffnete ich wieder die*
*Augen, sah mir die Tausenden Menschen an, die sich durch*
*die Gassen unterhalb schlängelten und so viele Dinge kauften,*
*aßen und tranken, und fragte mich: Warum glauben wir, so*
*viele Dinge zu brauchen? Wir rennen immer weiter in dem*
*Glauben, dass wir eines Tages alles haben werden, das uns*
*glücklich macht. Aber wird das je passieren?*

*Ich nahm noch einen Bissen von dem Brot, das so frisch*
*und köstlich war, dass es nichts weiter brauchte, weder Butter*
*noch Käse oder Marmelade. Wenn ein einfaches Stück Brot*
*und eine Tasse heiße Schokolade und die Sonne auf meinem*
*Gesicht mir solches Glück und solchen Frieden geben konn-*
*ten, warum sollte ich dann überhaupt so vielen Dingen hinter-*
*herlaufen? Wofür? Und dann wurde es mir klar – je weniger*
*man braucht, desto freier ist man. Nicht irgendwann in der*
*Zukunft, sondern genau jetzt.*

Gott oder das Universum muss einen Sinn für Humor haben,
denn die Suche nach »wahrem Glück« ist für die meisten ein
sehr frustrierendes Unterfangen. Millionen Menschen weltweit nehmen allerlei Torturen auf sich – vom Erklimmen
schneebedeckter Gipfel, dem Anmelden zum Hot-Yoga, der
Teilnahme an einem buddhistischen Zen-Retreat bis hin zur
Schwitzhütte oder sogar Drogen – nur um zu erreichen, was
Kung-Fu Panda in eineinhalb Stunden schaffte: inneren Frie-

den zu finden. Und hier machen viele den ersten Fehler. Denn in dem Augenblick, in dem man das Haus verlässt, um nach den Schlüsseln zu suchen, die man auf dem Esstisch liegen gelassen hat, sinken die Chancen, sie wiederzufinden, drastisch.

Natürlich liegt die Suche nach innerem Frieden heutzutage viel mehr im Trend als vor 50 oder vor 100 Jahren. Aber vielleicht liegt das daran, dass wir uns immer weiter davon entfernt haben. Es ist nichts Neues, dass Menschen nach Frieden und Glück suchen, denn das tun sie schon seit Jahrtausenden. Aber es scheint so, als würden wir uns durch unseren modernen Lebensstil in gewisser Weise weiter von unserem Ziel entfernen. Ist dir je aufgefallen, welche innere Ruhe viele der älteren Generationen, unsere Großmütter und Großväter, ausstrahlten? Ob ich mir meine Großeltern in den Niederlanden ansehe oder manche der älteren Menschen, denen ich auf meinen Reisen durch Indien begegnet bin – oft ist mir an ihnen eine Art Ruhe, Frieden und Einfachheit aufgefallen, die in den jüngeren Generationen kaum zu finden ist. Manche machten sich über sie lustig, weil sie zum Glücklichsein nichts weiter brauchten als ihr übliches Mittagessen, ein gutes Buch und ein Stück Kuchen zum Kaffee am späten Nachmittag. Wenn man genauer darüber nachdenkt, haben sie genau die innere Ruhe und die Zufriedenheit, nach der wir suchen, die wir aber mit all unseren technischen Spielereien, unseren Flachbildfernsehern und Reisen um die Welt nicht erreichen können. Sind wir bei dem Versuch immer besseres Glück und größeren Frieden zu erreichen, so unzufrieden mit unserem Leben geworden und so weit von unserer Natur abgerückt, dass heutzutage schon neunjährige Kinder überzeugt sagen, dass sie depressiv sind? Mit neun Jahren!

Es ist fast so, als würde uns die Tatsache, dass das Leben immer schneller und hektischer wird, auch bewusster vor Augen führen, dass wir langsamer machen und in uns gehen müssen. Noch vor 50 Jahren hatte Yoga im Westen und in vielen anderen Teilen der Welt keinen guten Ruf. Viele assoziierten damit spärlich bekleidete Menschen, die ein Nagelbett einem Sofa vorzogen. Doch heute geben die erfolgreichsten Konzernleiter und Filmstars mit ihrer persönlichen Yogaroutine an – und haben dabei oft deutlich weniger an als die Yogis der Vergangenheit!

Fast jede Werbung, die versucht, uns ein Produkt oder eine Dienstleistung so zu verkaufen, als könnten wir uns dadurch auch unsere dringend benötigte Entspannung, inneren Frieden und Erfüllung erkaufen, zeigt uns jemanden, der in Meditationshaltung dasitzt und eine Ruhe ausstrahlt, die sogar Buddha neidisch machen würde, wäre er nicht erleuchtet worden.

Und doch bremsen wir nie genug ab, um wirklich innezuhalten, unser Leben genau zu betrachten und uns zu fragen, warum uns dieser wahre Frieden und dieses Glück ständig entwischen. Wir haben es so eilig, in der Zukunft anzukommen und unsere Ziele zu erreichen, dass wir immer weiterrennen, zumindest im Kopf. Wann hast du zum letzten Mal etwas gegessen und dich komplett darauf und auf den Geschmack konzentriert? Man muss sehr vorsichtig sein, sich in dem Bemühen um anhaltendes Glück und wahre Freiheit nicht das Jetzt dadurch zu verderben, dass man immer nur eine mentale To-do-Liste abhakt, ohne die Dinge wirklich im gegenwärtigen Moment zu genießen.

Du isst, aber du unterhältst dich auch mit anderen, planst den Rest des Tages oder beantwortest ausstehende Nachrichten auf deinem Smartphone oder siehst dir im Fernsehen die Nachrichten an. Deshalb fühlst du dich noch immer hungrig oder unzufrieden, obwohl du gut gegessen hast. Dann suchst du nach Snacks, nach etwas Süßem oder einem Dessert, aber du merkst nicht, dass deine Unzufriedenheit nicht daher rührt, dass du nicht genug gegessen hast. Sie kommt daher, dass du dein Essen nicht wirklich geschmeckt und genossen hast.

Das gleiche Prinzip lässt sich auch auf andere Aspekte unseres Lebens übertragen. Weil wir so gerne alles gleichzeitig machen wollen, versuchen wir das Gleiche mit unserer Entspannung, mit Genuss und Frieden, und das funktioniert einfach nicht. Ich erinnere mich an eine interessante Geschichte, die mein Meister mir vor vielen Jahren erzählte, als er uns über dieses Prinzip unterrichtete, und die das Gesagte wunderbar veranschaulicht.

Es gab einmal einen König, der sehr spirituell war, und unter seiner gerechten Herrschaft erging es seinem Volk gut. Eines Tages hörte der König von einem Heiligen, der irgendwo in den Bergen seines Königreichs lebte. Jeder, der den Heiligen besuchte, verspürte in dessen Gegenwart einen solchen Frieden und eine solche Freude und war so von seiner Gegenwart berührt, dass man bald überall im Königreich von ihm sprach. Als der König davon erfuhr, trug er einem seiner Minister auf herauszufinden, was an diesem Heiligen so besonders war. Er wollte erfahren, welche Techniken er praktizierte, welcher täglichen Routine er folgte und wie er seine Zeit verbrachte. Der König war schon vielen Heiligen begegnet und wollte mehr über diesen einen erfahren, den die Menschen als Verkörperung von Ruhe und Zufriedenheit beschrieben. Schließlich strebten selbst Könige danach, einen solchen Zustand zu erreichen, und das war ihm bisher verwehrt geblieben.

Der Minister brach in Richtung Berge auf und fand, nachdem er in einem nahe gelegenen Dorf nach dem Weg gefragt hatte, endlich den Ort, an dem der Heilige lebte. Er beschloss, den Mann in aller Ruhe zu beobachten und sich in einiger Entfernung zu verstecken, um dem König einen anständigen Bericht erstatten zu können. So vergingen einige Tage, bis der Minister beschloss, wieder zum Palast zurückzukehren. Als der König ihn nach dem Heiligen fragte, hatte er allerdings nicht viel zu berichten.

»Eure Hoheit, ich habe den Heiligen drei Tage und drei Nächte lang im Geheimen beobachtet, aber ich konnte nichts Besonderes an ihm feststellen.«

»Das ist unmöglich, du hast wohl nicht gut genug aufgepasst«, antwortete der König.

»Nein, mein König, ich sage Euch die Wahrheit. Ich habe ihn nicht einen Moment aus den Augen gelassen. Alle, was er tat, war, morgens aufzustehen, ein Bad zu nehmen, zu frühstücken, eine Zeit lang in seinem Garten zu arbeiten, zu Mittag zu essen, sich auszuruhen, abends spazieren zu gehen oder Besuch zu empfangen, zu Abend zu essen, eine Weile draußen vor seiner Tür zu sitzen und dann zu schlafen. Jeder Tag sah gleich aus.«

Dem König wurde klar, dass sein weiser Minister wohl die Wahrheit sagte, aber er war trotzdem nicht zufrieden. Er hatte viele Jahre lang verschiedene spirituelle Praktiken ausprobiert und doch war ihm dieser tiefe Zustand inneren Friedens bisher verwehrt geblieben. Es musste eine besondere Technik geben, die der Heilige entdeckt hatte und die es ihm erlaubte, jenen heiligen Zustand zu erreichen. Also beschloss der König, den Heiligen selbst aufzusuchen, um sein Geheimnis zu erfahren. Die nötigen Vorbereitungen wurden getroffen, und der König verließ den Palast am nächsten Morgen.

Als er den Ort erreichte, an dem der Heilige lebte, versteckte sich auch der König zunächst, um ihn still und heimlich zu beobachten. Bald sah er, dass sein Minister recht gehabt hatte. Nichts Außergewöhnliches geschah, und schließlich entschied sich der König, sich dem Heiligen zu nähern und ihn zu bitten, seine Geheimnisse mit ihm zu teilen. Der Heilige begrüßte den König herzlich und bot ihm einen gemütlichen Sitzplatz an. Er entschuldigte sich für die Bescheidenheit seiner Unterkunft, dann bot er dem König Tee aus eigenen Gartenkräutern an, und wenig später saßen die beiden Tee trinkend vor dem Häuschen des Heiligen.

In dessen Gegenwart fielen dem König der tiefe Frieden und die Ruhe auf, die der Mann ausstrahlte, und das sanfte Lächeln auf seinem Gesicht zeugte von der Freude und Zufriedenheit, die er empfand. Der König setzte seine Tasse ab und fragte den Heiligen respektvoll: »Bitte vergebt mir meine Direktheit, große Seele, aber könnte ich Euch eine persönliche Frage stellen?«

»Natürlich, ich habe nichts zu verbergen und nichts, wofür ich mich schäme. Fragt ruhig«, antwortete der Heilige freundlich.

»Ich möchte mich entschuldigen. Ich habe Euch eine Weile aus der Ferne beobachtet, bevor ich mich vorstellte. Ich wollte herausfinden, welchen Praktiken Ihr nachgeht, um einen solch erhabenen Zustand zu erreichen. Ich konnte jedoch nichts Außergewöhnliches erkennen. Und nun, wie ich hier so mit

Euch sitze und spreche, kann ich es immer noch nicht sagen. Könntet Ihr mir verraten, welche besonderen Techniken oder Praktiken Ihr anwendet, die es Euch erlauben, so frei, fröhlich und friedlich zu sein? Es scheint keinen Unterschied zu geben zwischen dem, was Ihr tut, und dem, was ich tue, und doch bekomme ich diesen tiefen Frieden nicht zu fassen.«

Der Heilige stellte vorsichtig seine Tasse auf dem kleinen Tisch ab und schaute den König mit großem Mitgefühls an, während er langsam zu sprechen begann. »Mein guter König, Ihr habt nicht genau hingesehen. Es gibt einen gewaltigen Unterschied zwischen dem, was ich tue, und dem, was Ihr tut, und dort liegt das Geheimnis verborgen.«

»Aber«, fuhr der Heilige fort, »da Ihr mich so aufrichtig gefragt habt, will ich versuchen, es zu erklären. Wenn ich arbeite, dann arbeite ich. Wenn ich esse, dann esse ich. Und wenn ich meinen Tee trinke, dann trinke ich meinen Tee.«

Der Heilige sah den verblüfften Ausdruck auf dem Gesicht des Königs und sprach lächelnd weiter. »Aber, mein König, wenn Ihr arbeitet, dann denkt Ihr auch an die Vergangenheit, Ihr plant, Ihr sorgt Euch um die Zukunft. Wenn Ihr esst, dann denkt Ihr auch an Staatsangelegenheiten und an Entscheidungen, die Ihr treffen müsst. Und wenn Ihr Euren Tee trinkt, dann trinkt Ihr nicht bloß Tee, sondern seid noch immer beschäftigt. Versteht Ihr?« Der König nickte und ihm wurde klar, dass er noch einen langen Weg vor sich hatte. Und während der König überlegte, wie er daraus eine Praxis machen konnte, die er in seine tägliche Routine einbinden konnte, lächelte der Heilige – er trank einfach bloß seinen Tee und genoss ihn.

Wir haben in den vorigen Kapiteln gesehen, dass alles nach innen deutet und dass die Dinge, denen wir nachjagen, bloß

Glücksversprechen sind, aber kein echtes Glück. Wir haben gesehen, dass jeder Moment des Glücks, des Friedens oder der Freude damit zu tun hat, dass unser Geist sich einen Augenblick nach innen gewendet hat und unsere wahre Natur erfährt. Und wir haben gesehen, dass wir alle einmal an einem Punkt waren, an dem uns das leichtgefallen ist – zumindest in jungen Jahren. Inneren Frieden zu finden oder zu erreichen, ist also ein Prozess des Bewusstwerdens und der Verlangsamung, nicht des Gewinnens oder des Leistens. Wenn man aufhört, all den Dingen hinterherzulaufen, die angeblich Glück und Komfort bringen sollen, merkt man, dass man bereits an dem Ort ist, den man erreichen will. Wahrer Frieden und wahres Glück liegen in unserer Natur, und wir können sie nie verlieren. Vielleicht können wir sie unter all dem Staub und dem Krempel nicht erkennen, aber sie waren nie wirklich verloren. In dieser Hinsicht ähneln wir einem Atom: Unser Kern ist positiv, und jeder Stress und jede Negativität (die Elektronen) sind nur in unserem Umkreis vorhanden – nur an der Oberfläche.

Jeder Psychologe, der sagt, dass tief in dir Kummer, Ärger oder Reue liegen, hat einfach noch nicht tief genug gegraben. Er hat höchstens an der Oberfläche gekratzt. Wenn du weiter in dich gehst, erkennst du, dass tief in dir nur Freude, Frieden und Begeisterung stecken. Du brauchst also nichts weiter zu tun, als den Staub und den Schmutz von dem Diamanten, der du bist, abzuwischen. Ein Diamant wird vielleicht schmutzig, kann von Schlamm bedeckt sein, aber er hört nie auf, ein Diamant zu sein. Vielleicht hat er ein Jahrhundert lang in einer Rinne gelegen, aber sobald du ihn säuberst, glänzt er so hell wie vor 100 Jahren. Den Staub abwischen, die Spinnweben wegfegen und frische Luft hereinlassen – das ist Meditation.

Ich würde also sagen: Meditation hilft nicht dabei, Frieden oder Glück zu erlangen. Viel eher hilft sie, Frieden und Glück wiederzufinden, und verschafft dir Zugang zu dem, was bereits in dir ist.

Unser Geist ist so gefangen in all den Eindrücken, Vorstellungen, Erwartungen, Sehnsüchten und Abneigungen, weil er mühelos daran andocken kann. Aber wir haben nie gelernt, wie wir diese Gefühle loslassen können. Als kleines Kind war das noch kein Problem. Aber als unser Geist und Intellekt reifer wurden, entstand das Bedürfnis, dieses Loslassen wieder zu erlernen, weil wir begonnen hatten, uns an Erfahrungen festzuklammern.

Meditation bedeutet, dem Geist beizubringen, wie er loslassen und sich mühelos im gegenwärtigen Moment verankern kann. Je leichter du vergangene Eindrücke und Zukunftssorgen fallen lassen kannst und je mehr du in der Lage bist, dich mit dem zu verbinden, was in diesem Moment gerade geschieht, desto mehr wirst du erfahren, dass wahrer Frieden in deiner Natur liegt – dein innerer Frieden. Es ist ein Zustand, der dir jederzeit zur Verfügung steht, völlig unabhängig von den Situationen, in denen du dich befindest. Deshalb ist er auch so erstrebenswert.

Meditation bedeutet, den Geist wirklich ruhen zu lassen, ihm zu erlauben, seine Mitte zu finden, sich neu aufzuladen und zu regenerieren. Unser Geist wird von so vielen Eindrücken überflutet und bei dem Versuch, ihm Erleichterung zu verschaffen, setzen wir ihn noch mehr Eindrücken aus. Das liegt hauptsächlich daran, dass wir nie gelernt haben, den Geist wirklich zur Ruhe kommen zu lassen. Es ist, als wüssten wir nicht, wie wir das Radio ausschalten, obwohl es uns auf

die Nerven geht und, um es auszublenden, schalten wir stattdessen den Fernseher ein und drehen die Lautstärke hoch.

Um zu entspannen, versuchst du auf verschiedene Arten,
vor dem ständigen Geplapper in deinem Kopf zu »fliehen«,
vor deinen Ängsten, Plänen und Wünschen. Und trotzdem verschafft das deinem Geist nicht wirklich neue Energie, es lenkt
ihn nur ab. Ob wir fernsehen, Musik hören, Computerspiele
spielen, uns betrinken oder den Geist auf andere Weise beschäftigen, nur um ihn eine Weile davon abzuhalten, sich Sorgen zu machen: Nichts davon verleiht uns Ruhe oder andau-
ernde Erleichterung – ganz und gar nicht. Unser Geist kommt
in einen so überarbeiteten Zustand, dass er nicht einmal im
Schlaf Ruhe findet. Deine Schlafqualität leidet darunter, und
du träumst so wild und denkst so viel, dass du dich am nächsten Tag auch nach acht Stunden Schlaf nicht frisch und ausgeruht fühlst. So viele von uns brauchen peppige Musik, eine
Tasse Tee oder Kaffee oder vielleicht sogar Red Bull oder ein
anderes Aufputschmittel, um morgens in die Gänge zu kommen. Aber das war nicht immer so, erinnerst du dich?

Als Kind hast du so tief geschlafen und hast dich beim
Aufwachen so frisch und ausgeruht gefühlt, dass du aus dem
Bett gehüpft bist, um weiterzuspielen. Einer der wichtigsten
Schlüssel liegt in der Fähigkeit, loszulassen. Denn wenn ein
Kind sich schlafen legt, dann lässt es ganz und gar los. Die
Fähigkeit, loszulassen, ist eine Eigenschaft, die mit Leiden-
schaftslosigkeit einhergeht. In unserer heutigen Welt müssen
wir uns mehr denn je ein wenig Leidenschaftslosigkeit an-
trainieren, um all die Leidenschaft auszugleichen, zu der wir
angehalten werden. Wie mein Meister einmal so schön sagte:
»Leidenschaft ist wie Einatmen, Leidenschaftslosigkeit ist wie

Ausatmen, sie bedeutet, dass wir loslassen. Man braucht im Leben beides, um vorwärtsgehen zu können.«

Leidenschaftslosigkeit ist die Fähigkeit, alles für einen Moment loslassen zu können. Wir alle können das, denn sonst würden wir nachts nicht schlafen. Es ist ein Zustand, in dem wir uns nach nichts sehnen, weder in dieser Welt noch in der nächsten, zumindest einen Moment lang. Wenn du nicht »loslassen« kannst, was auch immer in deinem Leben geschieht, kannst du nachts nicht einschlafen. Aber sich bewusst dazu zu entscheiden, kann deinem Geist wahre Ruhe geben – eine Ruhe, die tiefer ist als Schlaf. Das ist Meditation.

Ohne Leidenschaftslosigkeit verwandelt sich unsere Leidenschaft in eine Depression. Leider geschieht das heutzutage oft. In gewisser Weise ist eine Depression die Folge dessen, dass wir Erfahrungen, Gedanken, Ereignisse und Wünsche nicht loslassen können. Sogar ein Trauma kann man als einen Zustand verstehen, in dem man Erlebtes nicht loslassen kann. So gesehen sind viele von uns heute in gewissem Maße »traumatisiert«. Denn viele Ereignisse und Situationen belasten uns so sehr, dass einige von uns Medikamente oder eine Therapie brauchen, um nachts schlafen zu können, um zu entspannen und mit den Situationen umzugehen, die uns das Leben beschert. Übermäßige Leidenschaft wurde jahrelang in uns geschürt und hat so viele Wünsche, Hoffnungen, Träume und Vorstellungen in uns aufkeimen lassen. Aber wir haben nicht gelernt, sie wieder loszulassen und in unsere Mitte zurückzufinden. Und wenn Leidenschaft nicht durch Leidenschaftslosigkeit ausgeglichen wird, entstehen viele der Probleme, mit denen wir konfrontiert sind – sei es Stress, Angst, Depression oder Frustration. Leidenschaftslosigkeit bedeutet, dass wir einen Augenblick innehalten und unsere Aufmerksamkeit weg von dem lenken, was wir noch nicht haben, und auf das, was wir bereits haben. Es bedeutet, zu wissen, dass man alles hat, was man in diesem Moment braucht. Es geht darum, seinen Frieden mit allem zu machen, was schon da ist, auch wenn es nicht perfekt ist. In solchen Augenblicken erlebst du wahre Ruhe, wahren Frieden und echtes Glück.

Anderenfalls wird unser Geist, auch wenn wir kurz glücklich sind, schnell wieder anfangen loszurennen, weil wir uns nach dem Nächsten sehnen oder uns Sorgen machen, dieses Gefühl wieder zu verlieren, weil wir uns immer so fühlen möchten. Erst wenn du aufhörst, »immer« glücklich und friedlich sein zu wollen, kannst du wirklich glücklich, friedlich und frei sein. Sonst wird der Wunsch, sich immer so zu fühlen, zu einem neuen Stressfaktor, einer neuen Sorge.

Natürlich erfahren wir Leidenschaftslosigkeit manchmal auch ohne eigene Anstrengung, wenn wir uns der Vergänglichkeit der Dinge bewusst werden. In alter Zeit wurde dieser Zustand als *smashana vairagya* oder »Leidenschaftslosigkeit auf dem Friedhof oder der Einäscherungsstätte« bezeichnet. Ich kenne Menschen, deren Leben oder Lebensanschauung sich drastisch änderte, nachdem sie den plötzlichen Tod eines geliebten Menschen erlebt hatten, nachdem sie einen Unfall oder eine schwere Krankheit, die tödlich hätten enden können, überlebt hatten oder nachdem sie erfahren hatten, dass sie nur noch kurze Zeit zu leben haben. Diese Umstände öffneten ihnen die Augen, zeigten ihnen, wie vergänglich wir sind, und führten dazu, dass sie sich plötzlich – anstatt auf die üblichen kleinen Sorgen – darauf konzentrierten, was ihnen wirklich wichtig war.

Ich erinnere mich an eine interessante Geschichte, die ich einmal zu dem Thema gehört habe. Eines Tages nahm ein Mann endlich all seinen Mut zusammen und stellte seinem spirituellen Lehrer eine Frage, die ihn schon seit Jahren umtrieb. »Meister, ich möchte Euch eine Frage stellen, aber bitte versprecht mir, dass Ihr mir die Wahrheit sagen werdet.«

Der Heilige lächelte und wirkte etwas überrascht über die unübliche Bedingung, die mit der Frage gestellt wurde. Er antwortete: »Natürlich, war ich nicht stets ehrlich zu dir? Ich habe nichts zu verstecken, bitte frag.«

Auf diese ermutigenden Worte hin entschloss sich der Mann, die Frage zu stellen. »Seid Ihr nie verärgert, frustriert, eifersüchtig, wollüstig oder gierig? Bitte sagt mir ehrlich, Meister, wie ihr damit umgeht.«

Der Meister blickte dem Mann einen Moment lang in die Augen und lächelte dann. »Ich werde dir wie versprochen eine Antwort geben, aber erst am Sonntag. Ist das in Ordnung?«

Der Mann stimmte zu, denn die paar Tage machten keinen großen Unterschied, hatte er doch schon Jahre darauf gewartet, endlich diese Frage zu stellen. Am nächsten Tag besuchte der Mann wieder den Ashram des Heiligen, um am täglichen Nachmittagsvortrag teilzunehmen. Als der Vortrag beendet war, kam der Heilige jedoch schnell auf den Mann zu, nahm ihn zur Seite und sagte mit einiger Dringlichkeit: »Ich bin froh, dass du heute gekommen bist, denn ich habe dir etwas Wichtiges zu sagen.«

Der Mann wunderte sich, worum es sich handeln könnte, denn so hatte sein Meister noch nie mit ihm gesprochen.

»Heute Morgen während meiner Meditation hatte ich eine Vorahnung, dass du deinen Körper morgen früh um 6 Uhr verlassen wirst. Ich wollte es dir gleich sagen, damit dir wenigstens Zeit bleibt, dich darauf vorzubereiten.«

Der Mann sah den Heiligen ungläubig an, doch dann wurde ihm klar, dass sein Meister noch nie gelogen hatte und all seine Vorahnungen waren bisher eingetroffen. Von dieser Nachricht schwer erschüttert, lief der Mann schnell nach Hause und beschloss, nachdem er seine Gedanken geordnet hatte, das Beste aus der ihm verbleibenden Zeit zu machen.

Nachdem er sein Testament aufgesetzt und seine letzten Wünsche niedergeschrieben hatte, erzählte er seiner Familie und seinen engen Freunden von der schlechten Nachricht. Alle waren tieftraurig und eilten sofort herbei. Als er so mit ihnen zusammensaß – manche weinten, andere sahen bedrückt aus –, beschloss der Mann, dass er seine letzten Stunden nicht so verbringen wollte. Stattdessen sagte er zu ihnen, dass er lieber mit ihnen lachen und sich an all die schönen Zeiten erinnern wollte, die sie zusammen erlebt hatten. Und das taten sie auch. Nachdem sie einige Zeit so zusammen verbracht hatten, bat er alle zu gehen, denn er wollte noch etwas Zeit für sich haben. Sie alle versprachen, am Morgen wiederzukommen, um ihn in seinen letzten Augenblicken zu verabschieden.

Dann setzte sich der Mann hin und dachte darüber nach, was die Zukunft wohl für ihn bereithalten würde, nachdem er seinen Körper verlassen hatte. Ihm wurde klar, dass er, falls es wirklich Himmel und Hölle gab, lieber in den Himmel kommen würde. Um auf Nummer sicher zu gehen, nahm er das Telefon in die Hand und rief all die Menschen an, mit denen er sich zerstritten hatte oder denen er vielleicht Unrecht getan hatte. Sich zu entschuldigen und sich mit allen zu versöhnen, gab ihm ein Gefühl des Friedens, da er zumindest von seiner Seite aus alles getan hatte, was er konnte.

Weil er seine letzten Stunden auf Erden nicht mit Schlaf vergeuden wollte, hörte er stattdessen die restliche Nacht lang seine Lieblingsmusik. Als der Morgen anbrach, kamen seine Freunde und seine Familie wieder.

Um 5:30 Uhr legte er sich in sein Bett und machte sich bereit, den Tod zu empfangen, wann immer er ihn holen wollte. Um 5:45 Uhr klingelte es jedoch plötzlich an der Tür und, als einer seiner Cousins die Tür aufmachte, waren alle überrascht, dort die heilige Gestalt des Meisters zu sehen. Es ist eine große Ehre, seinen Meister an seiner Seite zu haben, wenn man den Körper verlässt, weil man dann, so heißt es, befreit wird oder zumindest an den bestmöglichen Ort weitergehen kann!

»Meister, es ist so barmherzig von Euch, den langen Weg auf Euch zu nehmen, um in seinen letzten Minuten bei Eurem Schüler zu sein. Setzt Euch bitte«, sagte der Cousin. »Ich danke dir«, erwiderte der Heilige, setzte sich neben den auf dem Bett liegenden Mann und wandte sich ihm zu.

»Mein gutes Kind, ich muss dir etwas gestehen. Ich habe dir Unrecht getan.« Doch bevor der Heilige fortfahren konnte, unterbrach ihn der Mann. »Bitte, das macht jetzt keinen Unterschied mehr. Ich habe mit allen Frieden geschlossen und ich bin sehr zufrieden und ruhig. Ich will es gar nicht wissen. Wenn Ihr es mir sagt, weckt es vielleicht negative Gefühle in mir und ich würde lieber in Frieden sterben. Ich bin glücklich.«

Der Heilige lächelte und sagte dann mit schelmischem Ausdruck auf dem Gesicht: »Aber darum geht es doch – du stirbst nicht!«

Einen Augenblick lang schaute der Mann verblüfft drein, dann setzte er sich auf und fragte den Heiligen: »Wie meint Ihr das?«

»Mein Lieber, ich habe mir die Geschichte über meine Vorahnung nur ausgedacht. Du stirbst nicht – jedenfalls nicht allzu bald!«

Der Mann wusste nicht, was er sagen sollte, denn all das war sehr verwirrend. Der Heilige fuhr fort: »Aber sage mir eins. Hast du dich im Laufe des vergangenen Tages ein einziges Mal geärgert, etwas begehrt, warst du gierig oder eifersüchtig?«

Plötzlich fiel es dem Mann wie Schuppen von den Augen, und er sah zu dem Heiligen auf. »Nein, kein einziges Mal, Meister. Ich dachte, ich muss sterben, also hatte ich keine Zeit, mich über jemanden oder irgendetwas zu ärgern. Es wäre sinnlos gewesen, meine Zeit und Energie darauf zu verschwenden. All das war so bedeutungslos.« Lächelnd antwortete der Heilige: »Hast du jetzt die Antwort auf deine Frage? Ich lebe mein Leben so, als könnte jeder Moment mein letzter sein.«

Wir alle wissen, dass wir eines Tages sterben müssen, aber wir verstehen nicht wirklich, was das bedeutet, bis wir einmal tatsächlich mit dieser Tatsache konfrontiert werden. Und wenn das passiert, ändert es etwas in uns. Bis dahin leben wir, als wären wir unsterblich und schieben Dinge auf, die uns wichtig sind, in dem Glauben, dass wir sie irgendwann einmal tun werden. Wir verheddern uns in so vielen Kleinigkeiten. Dabei vergessen wir, dass das Ende jederzeit kommen kann und meist ohne Vorankündigung!

Aber wenn uns klar wird, dass unsere Zeit begrenzt ist, ob auf zehn Tage, zehn Jahre oder fünfzig, erkennen wir, dass plötzlich all die Probleme, die uns so viel Zeit und Energie gekostet haben, kaum einen Gedanken wert sind. So unbedeutend sind sie. Wenn wir uns daran erinnern, können wir uns leichter auf das konzentrieren, was uns wirklich wichtig ist und womit wir unsere Tage verbringen wollen. Es kann uns helfen, zu realisieren, dass der gegenwärtige Moment viel wertvoller ist als die Zukunft. Gleichzeitig kann es uns helfen, viele unserer unnötigen Sorgen, unserer Kränkungen und viel unseres Ärgers, unserer Eifersucht abzuschütteln. Denn wir wissen, dass eines Tages sowohl wir selbst als auch die Menschen, die wir nicht mögen, sterben werden. In diesem Fall ist also das Wissen über das Unausweichliche nichts, das uns beängstigt, traurig macht oder dämpft, sondern etwas, das uns befreit und belebt. Plötzlich beginnen wir, zu tun, was uns wirklich wichtig ist – plötzlich leben wir unser Leben. Und das befreit uns von vielen Dingen, die uns unseren Frieden und unser Glück rauben.

So viele Menschen leben ihr Leben in der Hoffnung, eines Tages inneren Frieden, wahres Glück und echte Freiheit zu finden, die ihnen bis jetzt entglitten sind. Aber immer wieder das Gleiche zu tun und dabei auf ein anderes Ergebnis zu hoffen, entspricht der klassischen Definition des Irrsinns. Um ein anderes Ergebnis zu bekommen, muss man auch etwas anders machen. Friede und Freiheit kannst du nur in dir selbst finden, und Meditation hilft uns, unseren Geist zu beruhigen, sodass wir diese tiefer liegenden Ebenen unseres Seins erfahren können. Leidenschaftslosigkeit ist dafür ein wichtiges Hilfsmittel. Es ist die Fähigkeit, unseren Geist, der immer nach außen gerichtet ist und so vielen Dingen hinterherläuft, nach innen zu wenden und zurück zur Quelle zu bringen. Es geht darum, sich mit dem wohlzufühlen, was gerade ist, und zu wissen, dass man alles hat, was man braucht, um glücklich und friedlich zu sein. Wenn du wirklich das Gefühl hast, dass du gerade nichts brauchst, dann beginnt dein Geist sofort, sich zu beruhigen, und du kommst deiner wahren Natur näher. Man fühlt sich wohl mit sich selbst, seinem Leben und der Welt, in welchem Zustand sie auch sein mag.

Oft werde ich gefragt: »Wie kommt es, dass du so zufrieden und so friedlich bist, obwohl du aus dem Koffer lebst? Du ziehst alle paar Tage um. Willst du keine eigene Wohnung? Brauchst du keine Ersparnisse? Was machst du, wenn du alt bist? Was, wenn es dir dann an etwas fehlt? Willst du dir nicht manchmal freinehmen, in den Urlaub fahren? Oder irgendwo anders hin? Das muss doch schwer sein.« Wie erklärt man den Menschen, dass es eigentlich genau andersherum ist? Wie erkläre ich, dass man glücklicher und zufriedener ist, je weniger man braucht? Wir alle haben diese Fähigkeit, überall zufrieden zu sein, bewusst, aber sorgenfrei zu leben und mit sehr wenig glücklich zu sein – wirklich glücklich. Du hast keine Ahnung, wie schön das Leben sein kann. Die kleinen Freuden werden so groß. Wahrer innerer Frieden ist nur deshalb so stabil, weil er nicht von irgendetwas außerhalb deiner selbst abhängt. Das ist es, was Leidenschaftslosigkeit dir bringen kann. Leidenschaftslosigkeit heißt nicht, dass man nichts genießen kann, sondern eher, dass man alles genießt. Sie kann dein Leben auf wunderbare Art verändern, sodass du aufhörst, Dinge in der Hoffnung zu tun, dass sie dich glücklich machen. Stattdessen machst du die Dinge mit Freude. Wie mein Meister einmal so schön sagte: Du hörst auf, dein Leben als ein Streben nach Glück zu verbringen, und verbringst es stattdessen als einen Ausdruck von Glück.

Genau das besang einer der genialsten Köpfe und größten Heiligen und Philosophen Indiens, Adi Shankaracharya, vor vielen Jahrhunderten in seinem berühmten Lied *Bhaja Govindam*. Er singt: »*Kasya sukham na karoti viraga*«, was so viel bedeutet wie »*Wem verleiht Leidenschaftslosigkeit kein wahres Glück?*« Leidenschaftslosigkeit wird oft als Apathie, Trägheit oder mangelnde Freude missverstanden. Doch sie ist das Gegenteil. Wahre Leidenschaftslosigkeit führt zu solcher Dynamik, solchem Glück, solcher Freude und Freiheit, dass nichts sie zerstören kann – genau deshalb, weil sie von nichts abhängig sind, jedenfalls von nichts außerhalb deiner selbst. Und Meditation ist die Praktik, die dich zu dem Ort in dir führt, wo du sie finden kannst.

## ∞ WEISHEITS-SUTRAS ∞

- Je weniger du brauchst, desto weniger hast du dein Glück von Dingen abhängig gemacht.
- Du brauchst einen Grund, um dich schlecht zu fühlen. Du brauchst keinen Grund, um glücklich zu sein. Glücklichsein ist deine Natur.
- Wahre Freiheit liegt darin, das Leben nicht mehr als Streben nach Glück zu betrachten, sondern als Ausdruck von Glück.

## 10-MINUTEN-ÜBUNG

Sitze einen Augenblick still da und schließe die Augen. Denk an all die Dinge, die gerade auf deiner To-do-Liste stehen. All die Dinge, die du machen willst, erledigen möchtest und die jetzt, in den nächsten Tagen und Wochen einen Großteil deiner Zeit und Energie auffressen.

Öffne die Augen und schreib sie auf. Schreib all die Dinge auf, die dir in den Kopf gekommen sind, und schreib immer weiter, bis dir nichts mehr einfällt, worüber du dir gerade Sorgen machst, das du erledigen willst oder in den nächsten Tagen und Wochen erledigen möchtest. Schreib auch alles auf, was dich gerade stört oder worüber du dir Sorgen machst. Es könnte ein Missverständnis zwischen dir und einem Freund oder Verwandten sein, die Unsicherheit, ob du nächsten Monat in der Arbeit gut bewertet wirst, oder etwas ganz anderes.

Fang jetzt eine neue Seite oder Spalte an. Wir schreiben eine neue Liste, aber diesmal machen wir es anders.

Stell dir kurz vor, dass du nur noch eine Woche zu leben hast. Nimm dir einen Augenblick, um dir zu überlegen, was du bis dahin gerne tun oder erledigen willst. Was möchtest du gerne noch erleben, wie willst du deine Tage verbringen? Schreib all das auf deine zweite Liste.

Vergleichen wir deine beiden Listen miteinander. Je ähnlicher sie sich sind, desto mehr lebst du wahrhaftig dein Leben. Wie viel Zeit nimmst du dir, um Dinge zu tun, die dir wichtig sind und die du machen möchtest? Und wie viel Zeit verbringst du damit, Dinge zu tun, die irgendwie dringend oder wichtig schienen, aber gar nicht bedeutend sind? Wie viel Zeit verbringst du damit, über Dinge nachzudenken oder dir Sorgen zu machen, die es gar nicht wert sind, dass du deine Zeit und Energie darauf verwendest? Kannst du jetzt, wo du dir dessen bewusst bist, ein paar dieser Dinge bleiben lassen und stattdessen öfter Dinge tun, die dir wirklich wichtig sind?

# Kapitel 5

# MEDITATION: ACHTSAMKEIT ... ODER LEERE?

*Endlich erreichten wir nach einer mehrstündigen Fahrt unser Ziel: eine wunderschöne Anlage im ländlichen Holland. Ich hatte ein paar Freunde überredet, mich zu diesem viertägigen Retreat zu begleiten, bei dem wir die Lenkung unseres Geistes, Atemübungen und Meditation erlernen würden. Es war das erste solche Programm für Jugendliche in den Niederlanden, das von The Art of Living organisiert wurde.*

*Schon seit Jahren praktizierte ich verschiedene Kampfsportarten. Unsere Judo-, Aikido- oder Ninpo-Bujutsu-Stunden begannen wir normalerweise damit, ein paar Augenblicke tief zu atmen und den Geist zu beruhigen. Aber ich wollte mehr über diese Praktiken lernen. Hin und wieder setzte ich mich vor die große Buddhastatue in meinem Zimmer, die mein Onkel von* einer seiner vielen Reisen nach Indien mitgebracht hatte. Ich sah mir die perfekte Sitzhaltung und den gelassenen Ausdruck auf dem Gesicht des Buddha an. Nachdem ich einen ähnliche Sitz, für den ich nicht ganz so viel Beweglichkeit wie der alte Yogi benötigte, gefunden hatte, schloss ich die Augen und versuchte, an nichts zu denken. Leider ist es, wie wir alle wissen, nicht so einfach. Dass ich ein paar Bücher über Zen und Meditation gelesen hatte, machte es noch schlimmer. Mein Verlangen nach wahrem inneren Frieden hatte sich noch verstärkt, und gleichzeitig war mir sehr klar geworden, dass ich es wahrscheinlich nicht allein schaffen würde. Ein paar Monate zuvor hatte ich den Gründer von The Art of Living, Gurudev Sri Sri Ravi Shankar, bei einer großen öffentlichen Veranstaltung in Amsterdam getroffen. Nachdem ich eine von ihm geleitete Meditation erlebt hatte, hatte ich endlich das Gefühl, gefunden zu haben, wonach ich suchte: einen authentischen Weg und einen wahren Meister, der mich an mein Ziel bringen konnte. Als wir ein paar Monate später erfuhren, dass The Art of Living ein Programm für Jugendliche organisieren würde, bei dem wir mehr über Atemtechniken und Meditation lernen konnten, meldeten mein jüngerer Bruder und ich uns sofort an.

»Hallo, ich heiße Claudio. Ihr seid bestimmt für das Rundum-Kompetenztraining hier.« An seinem Englisch hörte man, dass der junge Mann entweder aus Deutschland oder aus einem der Nachbarländer stammte. Wie sich herausstellte, kam er aus der Schweiz und war einer der ersten Ausbilder, die in Europa ein Zertifikat erhalten hatten, um dieses neue Programm anzuleiten.

»Ich werde dieses Programm leiten«, erklärte er lächelnd. Er muss Ende 20 oder Anfang 30 gewesen sein und sah mit

seinen kurzen Haaren und seinem eleganten Kleidungsstil eher
»cool« als »Zen« aus. Ich hatte kaum darüber nachgedacht,
was ich mir von einem Retreat wie diesem erwarten konnte.
Aber nachdem ich Claudio kennengelernt hatte, wurde mir
klar, dass ich eher an Räucherstäbchen und Meditationsglo-
cken gedacht hatte. Nicht, dass ich damit ein Problem hatte
– ich liebte die östlichen Kulturen und Traditionen –, aber als
ich diesen coolen, jungen Typen traf, wurde ich neugierig, wie
das Programm wohl sein würde.

In den darauffolgenden Tagen lernten wir alles, was uns
versprochen worden war, und noch einiges mehr. Wir lernten mehr darüber, wie der Geist funktioniert und wie man
ihn besser lenkt. Wir lernten ein paar Atemübungen kennen,
die uns mehr Energie verleihen und unseren Geist beruhigen
konnten, und wir kamen zum ersten Mal mit Meditation in
Berührung. Hier lernte ich einen der wertvollsten und wichtigsten Grundsätze wahrer Meditation kennen, die »Kunst
des Loslassens«.

Jahrelang hatte ich versucht, mich so sehr zu konzentrieren, bis mein Geist in einen Zustand totaler Ruhe kommen
konnte. Denn »Achtsamkeit«, bewusste Wahrnehmung und
Konzentration waren zentrale Bestandteile vieler Dinge, die
ich erlebt und von denen ich gelesen hatte, ob in meinen
Kampfsportstunden oder meinen Zen-Büchern. Erst jetzt ver-
stand ich, dass Konzentration oder Achtsamkeit nur der erste
Schritt ist; sie ist die Vorbereitung. Echte Meditation, dieser
Zustand tiefer Ruhe und Entspannung des Geistes, passiert
erst, wenn man loslässt. Und das ist leichter gesagt als getan –
dazu braucht es die richtige Anleitung und einige Übung. Aber
die Ergebnisse sprachen für sich.

*Als ich Claudio am dritten Tag des Programms während des Mittagessens gegenübersaß und seinen Gesichtsausdruck sah, musste ich ihn einfach fragen:* »*Wie kommt es eigentlich, dass du immer lächelst?*« *Während der letzten paar Tage war mir aufgefallen, dass er fast immer lächelte. Es war kein übertriebenes oder unnatürliches Lächeln, sondern eher ein zufriedenes, so als ob er tatsächlich jeden Augenblick genießen würde. Für einen Erwachsenen war das sehr ungewöhnlich, besonders in der hektischen Welt von heute.*

*Claudio sah mich mit einem noch breiteren Lächeln an, legte sein Sandwich auf den Teller und antwortete:* »*Oh, das liegt daran, dass ich jeden Morgen meine Atemübungen und meine Meditation mache. Schon seit ein paar Jahren. Probier es selbst mal aus, wenn du wieder zu Hause bist. Es funktioniert wirklich!*« *Er nahm einen Schluck Kräutertee und aß weiter.*

*Er hatte zwar sehr beiläufig geantwortet, aber mir machte er nichts vor. Ich war zwar nur ein Teenager, aber ich hatte schon genug von der Welt gesehen, um zu verstehen, dass solcher Frieden und solches Glück nicht so einfach zu erreichen sind. Jedenfalls kannte ich nicht viele, denen das gelungen war. Konnte Meditation wirklich so wirkungsvoll sein?*

Meditation entwickelt sich heutzutage in eine Richtung, in die sich auch Yoga in den letzten Jahren bewegt hat. Fast jeder hat schon davon gehört, und viele meinen zu wissen, worum es dabei geht. Im Laufe einiger Jahrzehnte haben Yoga und Meditation einen gewaltigen Wandel durchlebt. Sowohl was die Vermarktung angeht als auch hinsichtlich der Praktiken und der Konzepte, die damit verbunden werden. Früher stellte man sich echte Yogis oft als leicht bekleidete, dürre Männer vor, die auf einem Nagelbett saßen oder auf einem Bein standen. Heute sind einige der berühmtesten Yoga-Ikonen leicht bekleidete dünne Frauen, die am Strand sitzen oder einbeinig auf einem Berg stehen. Na gut, die leichte Kleidung, die Schlankheit und das einbeinige Stehen sind geblieben, aber das Lendentuch und der Yogi, der eher ein Außenseiter als ein Teil der Mainstream-Gesellschaft war, wurde durch Designeroutfits, die sich kaum von einem Bikini unterscheiden, und von erfolgreichen, nachgefragten Trainern oder Wellnesscoaches ersetzt.

Meditation, die manchmal auch Teil der Yogapraxis ist, hat sich mit entwickelt, und in diesem Prozess ist ein großer Teil ihrer Essenz verloren gegangen, während andere Elemente hinzugekommen sind. In dem Bestreben, die Meditation »weltlicher« zu machen und einfacher zu vermarkten, wurde der Begriff »Achtsamkeit« populär. Fast als wäre sie ein Wundermittel, mit dem man die Meditation endlich von ihrem kulturellen Ballast befreien konnte. Achtsamkeit wurde zu einem alternativen – und beliebteren – Ausdruck für Meditation, doch zentrale Aspekte der Meditation wurden dabei vergessen oder absichtlich außen vor gelassen.

Bevor wir uns also auf unsere Reise machen, um den Schatz der Meditation zu entdecken, müssen wir den Begriff erst von dem Mythos befreien, der ihn umgibt. So können wir besser verstehen, was Meditation ist und was nicht. Mit Meditation und Yoga verhält es sich heutzutage ähnlich: Jeder kennt sie, aber keiner kennt sie wirklich. Deshalb lehnen viele

Menschen diese Praktiken in dem Glauben ab, sie zu kennen, ohne sie je ausprobiert zu haben. Und nichts ist schlimmer als Meditation aufzugeben, ohne jemals eine echte Meditationserfahrung gemacht zu haben. Denn diese Menschen werden durch ein falsches Verständnis der vielen großartigen Vorteile beraubt, die Meditation haben kann. Viel zu oft bin ich Menschen begegnet, die mir erzählten, Meditation würde bei ihnen nicht funktionieren. Nur um herauszufinden, dass sie es irgendwann einmal mit Achtsamkeit probiert hatten, was ihnen nicht die erhofften Ergebnisse geliefert hatte oder sie sogar noch frustrierter zurückließ.

Eine der besten Erklärungen für den Unterschied zwischen Meditation und Achtsamkeit, wie sie heute oft praktiziert wird, gab mein Meister während eines Interviews. Der Fragesteller war Visen Lakhiani, der prominente CEO von Mindvalley, einer Online-Lernplattform. Die Sonderveranstaltung war Teil einer großen, internationalen Konferenz in Bengaluru, die von The Art of Living organisiert wurde. Daran nahmen viele namhafte Führungspersönlichkeiten aus unterschiedlichen Bereichen teil, von Industriellen bis hin zu Regierungsmitgliedern aus aller Welt. Ich hatte das große Glück, ebenfalls dabei sein zu dürfen.

Als Vishen Gurudev Sri Sri Ravi Shankar nach seiner Meinung dazu fragte, dass Meditation im Westen immer mehr unter dem Begriff der Achtsamkeit bekannt wurde, gab dieser die schöne Antwort: »Achtsamkeit ist nicht (das Gleiche wie) Meditation. Achtsamkeit ist wie die Toreinfahrt, wie der Balkon oder die Vorhalle des Hauses, aber dahinter liegt noch so viel mehr. Das wahre Haus liegt dahinter, hinter der Achtsamkeit.« Achtsamkeit kann uns in die Garage führen, aber in der

Garage zu sitzen, ist nicht das Gleiche wie im Wohnzimmer zu sitzen.

Achtsamkeitsübungen drehen sich im Grunde darum, sich völlig darauf zu konzentrieren, was man gerade tut oder was gerade geschieht. Es geht darum, sich der Dinge bewusst zu werden, »achtsam« zu sein. Das mag einfach oder sehr natürlich klingen, aber leider haben uns unser moderner Lebensstil und unsere Gesellschaft darauf trainiert, fast ständig Multitasking zu betreiben, auch wenn wir nachdenken oder aufpassen.

Während wir frühstücken, sehen wir uns auch die Nachrichten im Fernsehen an und gehen auf dem Handy unsere E-Mails durch, für den Fall, dass im Laufe der Nacht etwas Wichtiges im Postfach gelandet sein sollte. Und weil wir dabei mit unserer Familie am Tisch sitzen, ist es gleichzeitig auch noch »Familienzeit«, wodurch wir wieder Zeit gespart hätten. Sogar wenn wir einfache Dinge tun, wie Kaffee kochen oder duschen, ist unser Geist gleichzeitig damit beschäftigt, zu planen, sich Sorgen zu machen und mit vielem mehr. Hier ist Achtsamkeit von Vorteil.

Wenn wir uns unseren Geist ansehen, wird uns klar, wie chaotisch er ist. Indem wir Dinge bewusst, das heißt mit Aufmerksamkeit und Achtsamkeit tun, können wir den Geist stärken und abbremsen. Wir trainieren unserem Geist an, weniger zerstreut und konzentrierter zu sein und sich dadurch stärker im gegenwärtigen Moment zu verankern. Es ist vergleichbar mit dem Versuch, sich gesünder zu ernähren, mehr Obst und Gemüse zu essen, nachdem wir uns durch unseren modernen Lebensstil so sehr an Junkfood gewöhnt haben. Es ist traurig und vielleicht sogar alarmierend, dass es in unserer heutigen Welt oft mehr Aufwand und manchmal sogar mehr Geld braucht, um sich gesünder zu ernähren und Lebensmittel zu kaufen, die noch vor einem Jahrhundert normale Grundnahrungsmittel waren. Aber wir können niemanden außer uns selbst dafür verantwortlich machen, denn wir haben selbst den Fast-Food-Lebensstil erschaffen, genau wie wir die geistige Überlastung durch ein Übermaß an Eindrücken geschafften haben, mit denen wir umgehen müssen. Deshalb kann es uns helfen, bewusst zu einem einfacheren, natürlicheren Lebensstil zurückzukehren, sowohl was unsere Ernährung als auch was unsere geistige Aktivität angeht.

Achtsamkeit kann uns dabei helfen, den Geist herunterzufahren, zu verlangsamen und mehr Raum und Bewusstsein zu schaffen, um all die Neigungen und Muster unseres Geistes zu beobachten. Es ist wissenschaftlich erwiesen, dass es viele Vorteile hat, wenn wir die Flut von Eindrücken, denen wir uns aussetzen, reduzieren. So werden zum Beispiel unser Stress- und Angstpegel reduziert und unsere geistige Gesundheit insgesamt besser. Es kann schon helfen, die eigenen Gedanken einfach neutraler zu beobachten, ohne sich mit den aufkeimenden Gedanken zu sehr zu identifizieren. Aber obwohl Achtsamkeit in ihrer ursprünglichen Form in den uralten Traditionen genau das erreichen sollte, wurde sie eindeutig als Vorbereitung zur Meditation gelehrt – sie ist nicht dasselbe. Und wenn man das vergisst oder nicht weiß, dann entgeht einem sozusagen der Hauptgang. So als würde man in der Garage sitzen und denken, man säße im Wohnzimmer. Es gibt einen Unterschied und die Erfahrungen unterscheiden sich ebenfalls. Niemand kann sich in der Garage entspannen, dafür muss man aus dem Auto aussteigen und ins Haus gehen.

Obwohl Achtsamkeit auf manche Art ein guter Ausgangspunkt sein kann, ist es doch kein einfacher. Besonders anfangs, denn der Geist ist so aktiv, und wir haben nie gelernt, ihn richtig zu entspannen. Für viele Menschen bedeutet Entspannung, sich ein Bier aufzumachen, fernzusehen oder etwas anderes zu tun, um sich abzulenken – von Problemen, Stress, unerfüllten Wünschen und Sorgen. Aber solche Aktivitäten entspannen den Geist nicht, sie lenken die Aufmerksamkeit nur von all den Gedanken weg und verschaffen dir eine Pause von all dem Lärm. Achtsamkeit bewirkt hier also genau das Gegenteil: Sie macht dir den Lärm noch bewusster – etwas, was für viele sehr schwer zu verkraften sein kann.

Die Wahrheit ist, dass viele es beängstigend finden, sich einfach hinzusetzen, die Augen zu schließen und nichts zu tun, als ihre Gedanken zu beobachten. Denn es kann einem vorkommen, als würde man einen Schrank voller Gerümpel öffnen, den man während des Frühlingsputzes jahrelang absichtlich ignoriert hat. In dem Augenblick, in dem man die Tür nur leicht öffnet und den Staub und Gestank bemerkt, gibt es plötzlich noch mehr Gründe, das Ding geschlossen zu lassen und zu vergessen, anstatt mit dem Aufräumen anzufangen. Denk mal darüber nach. Für jemanden, der wirklich besorgt, gestresst, aufgeregt oder ängstlich ist, ist das Letzte, was er tun möchte, um zu entspannen oder in seine Mitte zurückzufinden, sich hinzusetzen und nichts zu tun, außer dieser Angst, der Sorge oder dem Problem entgegenzusehen, das ihn beunruhigt.

Außerdem ist es einfacher gesagt als getan, sich länger als ein paar Sekunden auf etwas zu konzentrieren. Man braucht also, um Achtsamkeit richtig üben zu können, schon von Anfang an ein gewisses Maß an Ruhe und Achtsamkeit!

Dem eigenen Geist zu erklären, dass er Ruhe geben muss, oder ihn dazu zu zwingen, ist, als würde man versuchen, einem Kind zu erklären, warum es stillsitzen muss. Man kann alle Argumente benutzen, die einem einfallen, und trotzdem keinen Einfluss auf den Wutanfall haben – man kann ihn höchstens verschlimmern. Aktivität liegt in der Natur unseres Geistes, und wahre Weisheit bedeutet, über ihn hinauszugehen, anstatt mit ihm zu ringen.

Hauptsächlich stören uns tatsächlich, mehr noch als unsere Gedanken, die Gefühle dahinter. Unsicherheit zu spüren ist schlimmer, als darüber nachzudenken. Auch wenn wir versuchen, rational über Dinge nachzudenken und uns zu erklären, dass es keinen Grund gibt, sich zu ärgern, genervt, unsicher oder ängstlich zu sein, haben wir am Ende trotzdem die gleichen Gefühle. Denn Gefühle sind subtiler als Gedanken und deshalb stärker. Um also unsere Probleme effektiv und effizient anzugehen, müssen wir in Sphären unseres Bewusstseins vordringen, die nuancierter sind als unsere Gedanken. Wir müssen über das logische Denken hinausgehen und uns noch weiter nach innen wenden. Genau wie bei allem anderen auch, muss man allerdings zuerst lernen, wie.

Achtsamkeit kann uns vielleicht helfen, das Chaos in unserem Kopf besser zu verstehen, warum man sich mit manchen Menschen oder in manchen Situationen unwohl fühlt oder vor welchen Herausforderungen man im Leben steht. Aber sie kann uns diese Gefühle nicht nehmen, weil sie uns nicht über unseren Geist hinausträgt, hin zur Quelle von Frieden, Glück und Stabilität. Jedenfalls nicht als Anfänger. Innerer Frieden ist nichts Intellektuelles, sondern liegt viel tiefer, tiefer noch als unsere Gefühle. Um ihn zu erreichen, müssen wir auf tiefere

Bewusstseinsebenen vordringen können. Wenn man nicht gerade ein fortgeschrittener Praktizierender ist, wird man durch Achtsamkeit immer noch auf den denkenden Geist beschränkt. Man hat noch immer Gedanken, analysiert sie, beobachtet sie. Deshalb kann man nicht tiefer gehen und den Geist einige Zeit abschalten, um ihm eine »Pause« und »Abkühlung« zu verschaffen. Manch einer wird den Geist sogar noch stärker anstrengen und ihn dadurch noch mehr ermüden. Das ist eine weitere Herausforderung, der man gegenübersteht, wenn man zu viel Achtsamkeit übt. Man riskiert, die Fähigkeit zur Entspannung zu verlieren und über den Geist hinauszugehen – um einfach mit dem Unbekannten zu sein. Ich habe einige Menschen getroffen, die dieses Problem hatten. Weil sie so darauf konzentriert waren, sich dessen, was sie taten, voll bewusst zu sein, entstand eine andere Art von Spannung, und es fiel ihnen noch schwerer, ihren Geist zu entspannen. Sie konnten nichts einfach nur genießen, weil sie so darauf konzentriert waren, sich selbst oder ihren Geist zu beobachten.

So etwas kann passieren, wenn eine spirituelle Technik, die Tausende Jahre lang praktiziert, getestet und in Tradition und Schriften festgehalten wurde, die den nötigen Kontext und die nötige Anleitung gaben, aus ihrem Kontext gerissen wird. Stattdessen wird sie als moderne Sofortlösung neu verpackt und das am besten ohne jeden Bezug zu ihrem Ursprung.

Selbst die Wurzeln der meisten modernen Achtsamkeitsübungen, die im Buddhismus begründet sind, sind Teil eines viel größeren Systems von Praktiken und Lehren. Achtsamkeit enthält viele Aspekte yogischer Traditionen, die sich die »Leitfiguren« jener Praktiken zu eigen gemacht haben und die nicht einfach vergessen werden sollten. Buddha praktizierte viele Techniken und war ein geübter Yogi. Als er sich zum Meditieren unter den Bodhibaum setzte, machte er nicht nur Achtsamkeitsübungen – er meditierte und transzendierte seinen Geist, wodurch er einen Zustand, genannt *Samadhi* erreichte, einen Gleichmut jenseits des Geistes.

Meditation ist mehr als Achtsamkeit, viel mehr, und hat deshalb auch mehr zu bieten. Es wäre albern, zu erwarten, dass ein paar Minuten Achtsamkeit uns ans gleiche Ziel bringen könnten. Und es wäre schade, wenn wir es nie von der Garage bis ins Haus schaffen würden. Wahre Achtsamkeit ist ein natürliches Produkt tiefer Meditation. Sie geschieht ganz automatisch, ohne all die Anstrengung und Mühe, die moderne Achtsamkeitsübungen verlangen.

Heutzutage werden die Begriffe Achtsamkeit und Meditation oft synonym verwendet, und der Begriff Meditation bezieht sich heute häufig auf eine ganze Reihe verschiedener Praktiken. Aber wahre Meditation bedeutet, über den Geist hinauszugehen, um einen Zustand des Befreitseins von Gedanken oder gedanklicher Leere zu erreichen. In diesem Zustand kann der Geist am tiefsten entspannen, mehr noch als im Schlaf, und sich dadurch erneuern und wieder aufladen. Der Geist wendet sich nach innen, zurück zur Quelle. Es ist die Kunst des Nichtstuns, die Kunst des Loslassens. Und deshalb ist es auch in der Zen-Tradition so, dass viele der Übungen darauf ausgerichtet sind, über den Geist hinauszugehen, ihn hinter sich zu lassen, anstatt sich mehr damit auseinanderzusetzen, ihn genauer zu beobachten oder zu versuchen ihn zu beruhigen. Zen-Meister nutzen alle möglichen Techniken, um ihre Schüler dazu zu bringen, den logisch denkenden Geist zurückzulassen und in das unbekannte, reine »Sein« überzutreten. Weiter fortgeschrittene Achtsamkeitsübungen bringen uns zwar in einen ruhigeren Geisteszustand, aber auch dann müssen wir, um die tiefer gehenden Vorteile der Meditation zu erreichen, unseren Geist transzendieren.

Eine der großen Herausforderungen dabei ist, dass schon ein oder zwei Dinge, die uns beschäftigen, ausreichen, um uns unseren inneren Frieden zu nehmen. Es braucht nur ein oder zwei Dinge, um uns zu erschüttern, und das beeinflusst wiederum die Art und Weise, wie wir funktionieren, wie wir mit Situationen umgehen, die sich uns bieten, und wie wir mit den Menschen um uns herum in Kontakt treten. Wir werden im Leben immer wieder mit Herausforderungen konfrontiert, aber um unerschütterlich oder zumindest einigermaßen widerstandsfähig zu werden, müssen wir lernen, mit schwierigen Situationen umzugehen und über sie hinauszuwachsen. Es kann sein, dass dein Leben perfekt ist bis auf diese eine Sache, dieses eine Problem, dass ausreicht, um dir den Schlaf zu rauben. Dazu fällt mir eine interessante Geschichte ein, die mein Meister mir einmal erzählte. Dabei handelt es sich um eine Begebenheit aus dem Leben Buddhas, die eine bedeutende Botschaft beinhaltet.

Ein Mann kam regelmäßig, um sich die Predigten Buddhas anzuhören, als dieser mit seinen Schülern bei der Durchreise wenig außerhalb seines Dorfes einen längeren Halt einlegte. Mit jedem Tag, der verging, inspirierten die Lehren des Heiligen und die Ideale, denen seine Anhänger sich verpflichteten, den Mann mehr. Schließlich traf der Mann, nachdem er einer weiteren Predigt Buddhas gelauscht hatte, eine wichtige Entscheidung. Er nahm sich vor, Buddha zu bitten, einer seiner Mönche werden zu dürfen. Er hatte ein gutes Leben, seine

Familie war versorgt, und seine Kinder waren alle verheiratet und standen auf eigenen Beinen. Sie hatten das Familiengeschäft übernommen, also konnte der Mann jederzeit in den Ruhestand gehen. In Anbetracht dessen fand der Mann, dass es nun an der Zeit war, einen Beitrag für die Gesellschaft zu leisten und sich um seine spirituelle Entwicklung zu kümmern.

Er suchte also den Ort auf, an dem Buddha weilte, und bat demütig um Erlaubnis, vom Meister angehört zu werden. Man bat ihn zu warten, und schließlich brachte ihn einer der Anhänger zu Buddha. Nachdem er sich verbeugt hatte, legte der Mann Buddha seinen größten Wunsch dar. Er fragte ihn, ob er ihn als seinen Schüler akzeptieren und ihm die Mönchsweihe erteilen würde. Buddha betrachtete den Mann eine Weile und antwortete dann: »Euer Wunsch ist nobel, aber es gibt eine Bedingung für jeden, der Mönch in unserem Orden werden will. Du musst Mitgefühl mit allen Lebewesen haben. Das bedeutet, du musst alle so akzeptieren, wie sie sind. Nimm dir Zeit, um darüber nachzudenken. Wenn du denkst, dass du das kannst, komm morgen wieder, und ich werde dich zum Mönch weihen.«

Der Mann verbeugte sich nochmals voller Dankbarkeit und setzte sich, zurück zu Hause, hin, um in Ruhe über die Worte des Meisters nachzudenken. Er ging tief in sich, um herauszufinden, ob er alle Menschen so akzeptieren konnte, wie sie waren. Der nächste Tag kam, und der Mann machte sich wieder auf, um Buddha zu sprechen. Nachdem er eine Weile gewartet hatte, wurde er wieder hereingerufen und legte dem Buddha als Zeichen seines Respekts eine Rose zu Füßen.

»Bist du in dich gegangen?«, fragte Buddha mit sanftem Ton. »Kannst du alle so akzeptieren, wie sie sind, und sie auch lieben?«

Der Mann blickte zu Buddha auf und antwortete ganz ehrlich: »Meister, ich habe lange darüber nachgedacht, und mir ist klar geworden, dass ich alle akzeptieren kann außer zwei Menschen. Was sie mir und meiner Familie angetan haben, ist sehr schwierig zu vergeben und schon gar nicht zu vergessen.«

Der Meister sah ihn mit einem Ausdruck großen Mitgefühls an und antwortete langsam: »In Ordnung, ich schätze deine Ehrlichkeit. Also werde ich für dich eine Ausnahme machen. Du musst nicht alle Menschen akzeptieren, um Mönch in meinem Orden zu werden. Du musst nur diese beiden akzeptieren.«

Wenn wir uns selbst gegenüber ehrlich sind, erkennen wir, dass wir diesem aufrichtigen Mann sehr ähnlich sind. Wir haben nicht andauernd viele Probleme, meistens nur wenige. Aber diese ein oder zwei Dinge reichen aus, um uns zu erschüttern und unsere Lebensqualität zu verschlechtern. Ein kleiner Dorn im Schuh kann das Gehen sehr unbequem machen, und ein kleines Sandkorn reicht aus, um unsere Sicht zu trüben und das Auge zu reizen. Die wahre Kunst ist es, diese zwei Menschen zu akzeptieren, die uns stören. Erst dann können wir friedlich und glücklich sein. Und wenn wir uns unser Leben genau ansehen, erkennen wir, dass diese beiden Menschen oder Probleme immer andere sind; sie ändern sich dauernd. Aber es wird immer wieder Dinge geben, die uns nachts den Schlaf rauben oder deretwegen wir uns unwohl fühlen. Es ist genau wie mit dem Dorn im Schuh oder dem Sandkorn im Auge, das noch mehr stört, wenn man daran reibt. Je stärker du versuchst, unangenehme Gedanken oder Gefühle zu vermeiden oder loszuwerden, desto größere Macht gewinnen sie über dich. Der Schlüssel ist also Mühelosigkeit, nicht Anstrengung. Loslassen, nicht kämpfen. Das ist Meditation. Das ist die Technik, die wir lernen müssen.

Heutzutage ist der Geist oft so beschäftigt und von Eindrücken überladen, dass nicht einmal normaler Schlaf ausreicht, um ihm die nötige Ruhe zu geben. Deshalb fühlst du dich, auch nachdem du sieben bis acht Stunden geschlafen hast, noch nicht wirklich erfrischt. Denn nicht einmal nachts haben wir die Zeit, all die Eindrücke zu verarbeiten, die sich angesammelt haben. Das ist ein weiterer Grund, warum wir Meditation brauchen, denn sie führt zu einer viel tieferen Erholung als der Schlaf, indem sie dem Geist gestattet, sich in viel höherem Ausmaß zu beruhigen. Wahre Meditation ist ein Zustand ruhevoller Wachheit, in welchem sie deinem Geist in nur 20 Minuten das gleiche Ausmaß von Erholung schenken kann, das er normalerweise innerhalb von vier bis sechs Stunden Schlaf erhält. Wahre Erholung kommt durch Mühelosigkeit, niemals durch Anstrengung. Wir haben schon besprochen, dass der Körper und der Geist nach unterschiedlichen Regeln funktionieren. Während der Körper verlangt, dass wir uns anstrengen, ist der Geist am effektivsten, wenn wir ihm mit Mühelosigkeit begegnen. Dieses Prinzip gilt umso mehr, wenn man den Geist tief entspannen und darüber hinausgehen will.

Ich habe so oft an mir selbst und in vielen Kursen, die ich geleitet habe, die Erfahrung gemacht, dass sich Menschen bereits nach einer Viertelstunde frischer, energiegeladener, lebendiger, ausgeruhter, positiver und friedlicher fühlen – nur durch eine einfache Meditationspraxis.

Wenn wir unseren Geist und unsere Gedanken 15 Minuten lang beobachten, kann das den Geist verlangsamen und uns mehr Klarheit verschaffen. Aber der Effekt ist selten so schnell spürbar und so stark, wie ein einfaches Abtauchen in das Bewusstsein, das hinter dem Geist verborgen liegt – das erfahren sogar Anfänger oder Menschen, die solche Übungen noch nie gemacht haben.

Anleitung macht hier natürlich einen großen Unterschied, und in den nächsten beiden Kapiteln will ich viele der Grundlagen und Tricks teilen, die ich in den vergangenen beiden Jahrzehnten während meiner eigenen Übungen unter der Aufsicht meines Meisters erlernt habe, und auch Hinweise darauf weitergeben, was man tun oder besser lassen sollte. Außerdem möchte ich auch die wertvollen Lehren weitergeben, die ich aus den vielen Kursen gezogen habe, die ich geleitet habe.

Meditation bedeutet, den Geist bewusst ruhen zu lassen. Wenn der Geist und das Nervensystem herunterfahren können und viele der unnötigen Eindrücke, Stressfaktoren und Belastungen loslassen, die wir gern ansammeln, dann können wir uns leichter im gegenwärtigen Moment verankern. Aber weil wir dazu über den Geist hinausgehen müssen, können wir nicht auf intellektueller Ebene lernen, wie das gelingen kann. Es handelt sich um eine Fähigkeit, die man mit der richtigen Anleitung und viel Übung erlangt. Bist du bereit, das Unbekannte zu erforschen?

## ∞ WEISHEITS-SUTRAS ∞

- Meditation ist weder Konzentration noch Fokussierung – es ist die Kunst des Nicht-Konzentrierens oder Loslassens.
- Anstrengung kann den Geist stabilisieren und fokussieren, aber um den Geist zu transzendieren, ist Mühelosigkeit unerlässlich.

# 10-MINUTEN-AUFGABE

Setze dich an einen Ort, an dem du nicht gestört wirst, und schließe die Augen. Finde eine bequeme Haltung, in der dein Körper sich entspannen kann. Atme ein paar Mal normal tief ein und aus und konzentriere dich ein paar Augenblicke lang auf deinen Atem. Nimm wahr, wie er mühelos ohne dein Zutun in den Körper hinein- und aus ihm herausströmt.

Werde jetzt deiner Gedanken gewahr. Ob positiv oder negativ, wehre dich nicht dagegen, analysiere oder beurteile sie nicht. Lass sie einfach kommen und gehen, wie sie wollen. Du hältst dich nicht an angenehmen oder positiven Gedanken fest und du verurteilst keine negativen Gedanken und wehrst sie nicht ab. Du beachtest weder die einen noch die anderen besonders, du analysierst sie nicht und du konzentrierst dich auf nichts. Bleib einfach als Beobachter deines eigenen Geistes sitzen und nimm wahr, was gerade geschieht.

Lass alle Anstrengung von dir abfallen und entspanne dich.

Wenn dir auffällt, dass dein Geist anfängt, sich wieder in den einen oder anderen Gedanken zu vergaloppieren oder etwas zu planen, hol ihn behutsam wieder zurück. Atme noch einmal tief und sanft ein, lass beim Ausatmen los und entspanne dich im Hier und Jetzt.

Mach eine Zeit lang so weiter und beobachte, wie du dich danach fühlst. Mit einiger Übung wirst du bemerken, dass dein Geist sich danach auf natürliche Weise erfrischt, aufmerksamer und bewusster anfühlt.

# Kapitel 6

# DER BEGINN DEINER MEDITATIONSPRAXIS

*Als wir hinausgingen, sah ich als Erstes den majestätischen, wunderschönen Tafelberg vor einem strahlend blauen Himmel. Er ist einer der Gründe, warum Kapstadt meine Lieblingsstadt in Südafrika ist.*

*» Wir werden ein bisschen zusammenrücken müssen, ich bin mit dem Truck gekommen«, erklärte uns François. »Ich wusste nicht, dass wir zu dritt fahren«, entschuldigte er sich. François ist groß und athletisch. Er war professionelles Model, bevor er mit Yoga anfing und verschiedenste Hilfsprojekte in den ärmeren, gefährlicheren Gegenden in und um Kapstadt gründete. Ganz abgesehen davon, dass er ein Herz aus Gold hat, war es auch schön, dass er dabei war, weil wir in eine zwielichtige Nachbarschaft fuhren und er fließend Afrikaans spricht, was uns entgegenkam, weil der Mann, den wir treffen wollten, wie man uns gesagt hatte, nur Afrikaans sprach.*

»Habt ihr die Adresse?«, fragte François. »Ja, wir konnten mit seiner Frau und ihrem Sohn sprechen, und sie hat sie uns gegeben. Wir müssen nach Delft.«

»Okay, ich weiß, wie wir da hinkommen. Wie habt ihr überhaupt von diesem Typen gehört?«

»Ich habe vor ein oder zwei Monaten in der Washington Post einen Artikel über ihn gelesen«, sagte ich. »Ein Freund, der weiß, dass ich jetzt in Afrika arbeite, hat ihn mir weitergeleitet.«

Der Artikel hatte mein Interesse geweckt, denn es ging darin um einen einfachen Mann namens Fredie Blom, der in dieser Ecke Kapstadts lebte und als der älteste Mann der Welt galt. Eine offizielle Ernennung zum Guinness-Weltrekord stand noch aus, denn weil ordentliche Aufzeichnungen fehlen, dauert es oft eine Weile, bis solche Dinge überprüft sind. Aber laut den vorhandenen Aufzeichnungen war Fredie zu Beginn dieses Jahres 115 geworden. Weil ich gerade nach vielen Monaten wieder nach Kapstadt zurückgekehrt war, wollte ich meine Chance nicht verpassen, den Mann kennenzulernen. Wir hatten seine Frau kontaktiert, und die beiden hatten freundlicherweise zugestimmt, uns an diesem Tag zu empfangen. Auf ihre Bitte hin brachten wir auch ein paar Lebensmittel mit, darunter ein paar, die Fredie besonders gerne mochte.

Nachdem wir endlich in die schmale Straße eingebogen waren, in der das Haus lag, parkten wir das Auto und trugen die Einkäufe zur Veranda. »Guten Morgen. Sie sind die Leute, die vorhin angerufen haben, oder? Kommen Sie herein.«

Fredies Frau Jeannette, ihr Sohn und seine Familie begrüßten uns. Jeanette stellte die Einkäufe auf dem kleinen Küchentisch ab, warf einen Blick in die Tüte und lächelte. »Oh, Sie haben ein paar von Fredies Lieblingssachen mitgebracht! Er wird sich so freuen.«

Jeanette war 86, aber trotz des großen Altersunterschieds zwischen den beiden waren Fredie und sie schon seit über einem halben Jahrhundert glücklich verheiratet. »Er kann noch immer allein gehen, nur vielleicht nicht mehr so schnell wie früher. Und er zieht sich auch noch selbst an«, erklärte sie uns voller Stolz. »Er war einmal ein wirklich guter Tänzer, so haben wir uns auch kennengelernt. Bei einem Tanz. Seine Gesundheit ist noch recht gut, aber manchmal hat er hohen Blutdruck«, meinte Jeanette. »Aber er geht nicht gern zum Arzt. Er mag es nicht, wenn sie ihm in den Finger stechen, um Blut abzunehmen. Und das enge Armband, das sie ihm umlegen, um den Blutdruck zu messen, mag er auch nicht. Also geht er nicht oft hin.«

Sie brachte uns in ihr kleines Wohnzimmer und öffnete ein paar Vorhänge, um mehr Licht hereinzulassen. »Es tut mir leid, wir haben gerade keinen Strom, also ist es ein bisschen dunkel. Ich hole Fredie.«

Fredie wurde 1904 geboren, aber er sah viel jünger aus. Niemand würde denken, dass dieser Mann, der langsam in dem Raum gehumpelt kam, zwei Weltkriege miterlebt hatte und schon Anfang 40 war, als in Südafrika Apartheid eingeführt wurde. »Ich kann nicht mehr so schnell gehen wie früher«, sagte Fredie auf Afrikaans, »aber sonst geht es mir gut.« Als er lächelte, konnte man sehen, dass sein Gebiss noch intakt war. Er ließ sich in seinen Sessel fallen, und wir setzten uns alle zu ihm und begannen zu plaudern. Nachdem ich seiner Frau und ihm erzählt hatte, was ich beruflich tat, bot ich dem Paar *an, ihnen ein paar einfache Yogatechniken beizubringen, die den Geist beruhigen und seinen Blutdruck senken konnten. Vielleicht würde ihm das helfen. Sie hatten noch nie von Yoga oder Meditation gehört, waren aber neugierig, mehr darüber zu erfahren. Ich brachte ihnen eine einfache Atemübung bei und leitete sie dann durch eine kurze Meditation. Fredie verfiel in einen Zustand tiefster Entspannung – einen Augenblick lang dachten wir, er wäre eingeschlafen. Ich wiederholte noch ein paar Mal, dass er jetzt langsam die Augen öffnen könne, bis er es schließlich tat. Ihre beiden liebenswürdigen Gesichter strahlten nun noch mehr.*

*»Mein Herz und mein Körper fühlen sich stark«, antwortete Fredie auf die Frage, wie es ihm nach dieser Erfahrung ging. »Und im Geist fühle ich mich klar und ruhig! Das gefällt mir.« Jeanette nickte zustimmend. »Wir machen diese Übung jetzt jeden Tag, das wird ihm guttun. Und seinem Blutdruck.« Und dann sagte sie noch: »Es wäre schön, wenn Sie wiederkommen könnten. Ich würde gerne ein paar Leute einladen, damit sie auch von Ihnen lernen können.«*

*Es war rührend zu sehen, dass Fredie und seine Frau selbst in diesem Alter noch so enthusiastisch und offen dafür waren, Neues zu lernen und auszuprobieren.*

Erfahrungen wie diese zeigen mir immer wieder, dass Meditation wirklich für jeden nützlich und geeignet ist. Wenn ein Mann wie Fredie in seinem hohen Alter noch lernen kann, zu meditieren, warum dann nicht auch du? Wenn er mit der richtigen Anleitung schon in der ersten Sitzung eine echte Meditationserfahrung machen konnte, warum sollte es anderen nicht genauso gehen? Jetzt, wo wir wissen, dass wirklich jeder meditieren kann, beginnen wir unsere faszinierende Reise, denn das Ziel ist nicht weit. In den vorangegangenen Kapiteln haben wir bereits den Grundstein für unsere neue Meditationspraxis gelegt und ein paar der wichtigen Prinzipien gelernt und geübt, mit deren Hilfe wir den Geist darauf vorbereiten können, sich zu entspannen, loszulassen und Energie zu schöpfen, wenn wir den Blick nach innen wenden.

Zuerst musst du deinen Körper auf die Meditation vorbereiten. Keine Sorge, dafür muss man weder asketisch leben noch extrem beweglich oder besonders gesund sein. Du solltest allerdings ein paar Faktoren berücksichtigen, die beeinflussen können, wie lange du stillsitzen und in Ruhe meditieren kannst. Wenn es der Körper nicht bequem hat, dann wird auch der Geist keine Ruhe finden. Also müssen wir erst sichergehen, dass sich der Körper wohlfühlt.

Idealerweise hast du deine letzte Mahlzeit schon verdaut und fühlst dich leicht. Nach einer Mahlzeit wird dein Stoffwechsel aktiv, und all die Energie in deinem Körper fließt in Richtung Bauchgegend, um die Verdauung zu unterstützen. Aber während des Meditierens geht der Körper in einen Zustand tiefer Ruhe, und dein Stoffwechsel fährt herunter. Schon die Kenntnis dieser Grundlagen reicht aus, um zu verstehen, dass diese beiden Vorgänge in gewisser Weise direkt gegensätzlich sind und deshalb nicht gut zusammenpassen. Ich will damit nicht sagen, dass man nach einer ordentlichen Mahlzeit nicht meditieren kann – manche von uns können das vielleicht hin und wieder. Aber wir versuchen hier, Meditation jedem so leicht und zugänglich wie möglich zu machen. Also nehmen wir doch den einfachen Weg. Nur weil manche Menschen problemlos über Zäune springen und Wände hochklettern können, heißt das nicht, dass es allen so leichtfällt. Für den Durchschnittsmenschen, der vielleicht sowieso schon damit kämpft, die Herausforderungen des Lebens mit einem Lächeln auf dem Gesicht zu meistern, wollen wir die ersten paar Schritte auf dem Pfad der Meditation so einfach und effektiv wie möglich gestalten.

Finde, wenn möglich, einen Ort, an dem du kaum gestört wirst und das am besten mit leerem Magen. Zwar können erfahrene Meditierende in fast jeder Umgebung meditieren, und ein friedlicher, ruhiger, sauberer und angenehmer Ort ist kein Muss, aber auf jeden Fall förderlich. Das macht es dem Geist anfangs auch deutlich leichter, zur Ruhe zu kommen, und dem Körper, sich zu entspannen.

Du musst dafür nicht im Lotussitz sitzen, ja nicht einmal im Schneidersitz. Aber es macht einen Unterschied, wenn dein Rücken gerade ist. Längerfristig ist das angenehmer, besser für die Haltung und hält auch den Geist wacher, während er gleichzeitig entspannen kann. Eine aufrechte Haltung hilft auch dabei, leichter und tiefer zu atmen. Eine zu schlaffe, gebeugte Sitzhaltung ist auf Dauer nicht angenehm, denn so wird unnötig viel Druck auf den Nacken und andere Körperteile ausgeübt. Außerdem ist dann die Gefahr größer, dass man tatsächlich einschläft, wenn man in einen meditativen Zustand übergeht. Normalerweise meditiert man auch nicht im Liegen – diese Haltung eignet sich besser für Praktiken wie Yoga Nidra, die man heute oft als »Bodyscan«-Übungen bezeichnet. Auch diese können sehr entspannend wirken, aber in unserer Praxis gehen wir einen Schritt weiter und meditieren.

Finde eine Haltung, in der du bequem, aber aufrecht sitzt. Falls nötig, kannst du eine Stütze für deinen Rücken verwenden, in einem bequemen Sessel oder auf dem Sofa sitzen. Falls du lieber auf dem Boden sitzt, aber den Rücken nur schwer über längere Zeit gerade halten kannst, ohne dich anzustrengen, dann schiebe ein Kissen oder eine feste Unterlage unter dein Gesäß, um deine Hüften etwas anzuheben. Das wird es dir leichter machen, den Rücken gerade zu halten, und unnötigen Druck von deinem unteren Rücken abhalten.

Du kannst die Beine entweder überkreuzen oder sie vor dir auf dem Boden ausstrecken – was auch immer dir angenehmer ist. Vergewissere dich nur, dass du in der Haltung 15 bis 20 Minuten bleiben kannst, ohne dich bewegen zu müssen, weil dir die Beine oder der Rücken wehtun.

Noch etwas, das deinem Körper und damit auch deinem Geist wirklich helfen wird, ist, sicherzugehen, dass der Körper nicht besonders steif oder unruhig ist. Besonders, weil die meisten von uns in der heutigen Welt so viel Zeit im Sitzen verbringen – entweder im Auto, im Büro, zu Hause oder anderswo –, ist es besonders wichtig, dass man wenigstens ein bisschen Bewegung einbaut, um die Blutzirkulation anzuregen, Steifheit oder überschüssige Energie und Unruhe abzubauen. Das ist wichtig, wenn du morgens vor dem Frühstück meditierst, denn dann ist dein Körper steif, nachdem er die ganze Nacht im Bett gelegen hat. Auch wenn du abends meditierst, nachdem du den ganzen Tag im Büro gesessen hast, wird dein Körper durch das Sitzen steif sein. Wie du diese Unruhe oder Steifheit abbaust, bleibt dir überlassen; mach, was dir gefällt. Vielleicht willst du laufen gehen, Yoga machen, Musik aufdrehen und tanzen oder einfach auf und ab hüpfen, um den Körper zu lockern und überschüssige Energie loszuwerden. Wenn du regelmäßig das Gefühl hast, dass dein Körper zu rastlos ist oder dass du zu viele unruhige Gedanken, zu viele Wünsche oder andere Eindrücke im Kopf hast und kaum stillsitzen kannst, wenn du meditieren möchtest, dann bewege dich davor noch etwas ausgiebiger. Außerdem kannst du auf deine Ernährung achten und den Anteil würziger, öliger und frittierter Speisen sowie den Zuckeranteil reduzieren.

Das ist auch der Grund, aus dem viele Menschen, die Yoga machen oder meditieren, mit der Zeit ihre Ernährung anpassen – man muss kein Vegetarier sein oder sich gesund ernähren, um von diesen Übungen zu profitieren. Aber je mehr du dir bewusst wirst, wie Körper und Geist auf das reagieren, was du isst, desto eher wirst du auch eine Ernährung bevorzugen, mit der du dich ruhig und frisch, anstatt schwer, dumpf, unwohl oder unruhig fühlst.

Jetzt, wo du eine bequeme Haltung gefunden hast, in der du dich leicht entspannen und länger stillsitzen kannst, schließe die Augen und atme ein paar Mal langsam tief ein und aus. Lenke deine Aufmerksamkeit auf verschiedene Körperteile und entspanne sie bewusst. Besonders die Schultern, der Nacken und die Gesichtsmuskulatur verdienen mehr Aufmerksamkeit, denn an diesen Stellen sind wir oft sehr verspannt, und hier sammelt sich jede Menge Stress an. Ich sage den Menschen gern, dass sie versuchen sollten, ein Lächeln auf dem Gesicht zu behalten. Kein breites Grinsen, nur ein sanftes Lächeln, denn wenn man lächelt, kann man nicht gleichzeitig die Stirn runzeln oder die Gesichtsmuskulatur anspannen. Auch das hilft also, das Gesicht zu entspannen.

Am bequemsten ist es, die Hände mit den Innenflächen nach oben auf die Knie oder in den Schoß zu legen. Man muss die Hände nicht in eine bestimmte Haltung oder eine Mudra bringen. Ich würde sogar empfehlen, es nicht zu tun, weil auch das einen Aufwand bedeutet, durch den man sich nicht vollständig entspannen kann. Oft sehen wir Buddhastatuen und Yogis, die ihre Hände in verschiedene Mudras bringen, während sie in einer Meditationshaltung sitzen. Aber obwohl diese Mudras einen bestimmten Effekt auf den Körper und den Geist haben, werden sie auch symbolisch genutzt, um Prinzipien oder Geisteszustände darzustellen. Für uns, die wir unsere Meditationsreise erst beginnen, ist es wichtig, zuerst eine solide Grundlage für unsere Praxis herzustellen – und das bedeutet, sich völlig zu entspannen, loszulassen und Mühelosigkeit zu erlernen. Die Hände in eine bestimmte Haltung zu bringen, führt dazu, dass weder der Körper noch der Geist völlig entspannen. Wählen wir also den einfachen Weg, wählen wir Mühelosigkeit anstatt Anstrengung.

Sobald der Körper in einer entspannten Haltung ist, lenke deine Aufmerksamkeit einen Augenblick lang auf deinen Atem. Beobachte ihn einfach und erlaube ihm, gleichmäßig, sanft und ein wenig langsamer zu werden. Falls du das Gefühl hast, dass du noch etwas zu schnell, flach oder unruhig atmest, nimm bewusst noch ein paar langsame, tiefe Atemzüge. Dann entspanne dich wieder und erlaube dem Atem, seinen eigenen Rhythmus zu finden. Lass auch das Atmen mühelos werden und lass den Atem von allein in den Körper hinein und aus ihm herausströmen. Vielleicht atmest du mal tiefer und länger, mal sanfter und leichter und mal schneller oder kräftiger. Versuche nicht zu sehr, ihn zu ändern, sondern nimm ihn einfach wahr und beobachte ihn. Nimm wahr, wie jedes Einatmen deinen Körper mit Energie versorgt und jedes Ausatmen ihn entspannt. Das ist ein ganz natürlicher Vorgang, der andauernd passiert, aber wenn du ihn bewusst wahrnimmst, wird er wirkungsvoller, denn deine Aufmerksamkeit liegt jetzt ganz bei ihm. Und weil der Atem immer im gegenwärtigen Moment ist, verlangsamt sich auch der Geist und wird weniger in die Vergangenheit oder Zukunft gezogen. Er verankert sich im gegenwärtigen Moment.

Lenke deine Aufmerksamkeit jetzt auf Geräusche in deiner Umgebung, welche auch immer es sein mögen. Vielleicht ist es das Geräusch einer Klimaanlage oder eines Ventilators, vielleicht unterhält sich jemand im Nachbarzimmer, vielleicht hörst du aus der Ferne Verkehr oder Vogelgezwitscher. Was auch immer du hörst, nimm es einfach wahr und akzeptiere es, erlaube den Geräuschen, da zu sein. Wehre dich nicht dagegen. Das ist tatsächlich eine Technik, ein Geheimnis, mit der man den Geist von solchen Ablenkungen befreien kann. Indem du bewusst deine Aufmerksamkeit darauf richtest und die Geräusche akzeptierst, verschwinden manche davon in den Hintergrund und stören dich nicht länger. Dann bleibt der Geist nicht mehr daran hängen. Ansonsten können manche Geräusche den Geist ablenken und ihn daran hindern, zur Ruhe zu kommen. Wenn du dich gegen die Geräusche wehrst, dann bleibst du quasi an ihnen hängen, und dein Geist kann sich nicht nach innen wenden.

Sobald der Geist nicht mehr von seiner Umgebung gefangen ist, halte den Körper eine Zeit lang völlig still. Das ist ein weiteres Geheimnis. Wenn der Körper ruhig ist, fängt auch der Geist ganz automatisch an, sich zu beruhigen, denn Geist und Körper sind miteinander verbunden. Wenn du den Körper völlig still-hältst – abgesehen von der sanften, mühelosen Bewegung deines Atems –, dann beruhigt sich auch der Geist mehr und mehr, selbst wenn er gerade noch aktiv war. Du hältst also völlig still und sitzt da, als wärest du eine Statue.

Vergiss nicht, dass Mühelosigkeit und nicht Anstrengung das Gesetz des Geistes ist. Strenge dich nicht an, um den Geist zu kontrollieren oder zu beobachten, lass ihn einfach nur sein. Wenn er abschweift, lass ihn abschweifen, wehre dich nicht gegen Gedanken, aber fördere auch keine Planungen im Geist. Falls es etwas gibt, dem der Geist hinterherläuft, etwas, um das du dich kümmern musst, das du ändern willst, Probleme, die du lösen musst, oder etwas, das dir im Leben fehlt, das gerade nicht richtig läuft, ist es an der Zeit, den Grundsatz zu üben, den wir im ersten Kapitel gelernt haben. Mach dir bewusst, dass du all die Dinge, von denen du dachtest, dass du ohne sie nicht leben kannst, gerade nicht brauchst. Kannst du in diesem Augenblick auch ohne diese Dinge glücklich und zufrieden sein? Ja, das kannst du!

Sobald der erste Schritt getan ist, musst du dir als Nächstes das Prinzip der Leidenschaftslosigkeit in Erinnerung rufen. Sei dir bewusst, dass du gerade alles hast, was du brauchst. Du brauchst gerade nichts und du willst auch nichts. Mach dir das 15 bis 20 Minuten lang wirklich bewusst. Du sehnst dich nach nichts und es gibt auch nichts zu tun. Alle Ziele, Wünsche und Punkte auf deiner To-do-Liste können 20 Minuten warten.

Lass jetzt bewusst all deine Identitäten, Selbst- und Fremd-urteile fallen. Vielleicht bist du jemandes Vater oder Mutter, Sohn oder Schwester, vielleicht bist du Rechtsanwalt, Verkäufer, Sänger oder etwas ganz anderes. Aber für die nächsten 15 bis 20 Minuten lass all diese Identitäten fallen. Fühle dich, als wärst du gestorben, als hätte sich dein Leben aufgelöst. All deine Beziehungen, deine Verbindlichkeiten, deine Vorstellungen und Träume. Alles war nur ein Traum und du bist gerade aufgewacht. Spüre Folgendes: »Ich bin nichts, ich bin niemand.«

Wenn du deine Identitäten nicht ablegst, werden diese Gedanken immer wieder auftauchen. Wenn du deinen Job nicht vergisst, können Gedanken an Unerledigtes, an unbezahlte Rechnungen, an Angebote, die du erstellen musst, oder Kunden, die du erreichen musst, immer wiederkommen. Aber wenn du einen Moment lang all diese Identitäten fallen lassen kannst, werden die Gedanken auch nicht hochkommen. Verleihe also deinen Identitäten einen Moment lang kein Gewicht und fühle dich, als wärst du niemand, nichts. Die Vergangenheit ist vorbei, die Zukunft ist ungewiss und liegt noch vor dir. Lass alle vergangenen Eindrücke von dir selbst und von deinem Leben los und vergiss auch alle Zukunftspläne. Während deiner Meditation gibt es nichts, was du tun willst. Du bist neu in diesem Augenblick, in diesem Moment. Und es gibt gerade nichts für dich zu tun. Lass die Vergangenheit komplett los und verliere dich auch nicht in Zukunftsplänen – das haben wir im zweiten Kapitel gelernt und geübt, erinnerst du dich? Und wir haben im vierten Kapitel gelernt, all unsere Identitäten, unsere Urteile und alles, was gerade in unserem Leben geschieht, von uns abfallen zu lassen.

Diese Anwendung der Praxis der Leidenschaftslosigkeit gipfelt in drei wunderbaren Prinzipien, die ich von meinem Meister gelernt habe. Er lehrte sie uns als Vorbereitung auf die

Meditation. Zusammengefasst lauten die drei Prinzipien für die nächsten paar Augenblicke:

1. **Ich bin nichts.**
2. **Ich will nichts.**
3. **Ich muss nichts tun.**

Sich diese Prinzipien bewusst zu machen und sie wirklich zu spüren, ist eine Technik, die dir dabei helfen kann, viel schneller in die Meditation gelangen. Spüre, dass du in den nächsten paar Augenblicken nichts bist, niemand, dass du nichts willst und gerade auch nichts tun musst. Und wenn du das spürst, wirst du merken, dass auch dein Geist mehr zur Ruhe kommt. Viele der üblichen Gedanken werden jetzt gar nicht hochkommen.

Das ist der Punkt, an dem du dich entspannst und loslässt. Wenn noch Gedanken auftauchen, lass sie kommen und wieder gehen. Wir beurteilen sie nicht und halten uns nicht daran fest. Gedanken kommen und gehen, wir analysieren sie nicht. Ob gute oder schlechte Gedanken, wehre dich nicht, lass sie einfach sein. Sie kommen und gehen, wie Wellen im Meer aufsteigen und wieder darin zerfließen. Genau wie Wellen existieren auch unsere Gedanken nur an der Oberfläche unseres Bewusstseins. Je mehr sie sich legen, desto ruhiger wird die Oberfläche und desto eher kann man die Tiefe des Ozeans und des Bewusstseins erkennen und schätzen.

Falls du aber das Gefühl hast, dass dein Geist sich an einem Gedanken festhält, der immer wiederkommt, oder falls du merkst, dass du im Geist etwas planst, dann komm kurz wieder zurück in den gegenwärtigen Moment, indem du deine Aufmerksamkeit auf deinen Atem lenkst. Das haben wir schon im fünften Kapitel gelernt, weißt du noch?

Was auch immer geschieht, akzeptiere es und nimm es an. Falls du viele Gedanken hast, ist das in Ordnung. Versuche nicht, sie schnell loszuwerden oder dich schnell zu entspannen – so funktioniert es nicht. Je mehr du akzeptierst, was geschieht, und es einfach wahrnimmst, desto eher werden dein Körper und dein Geist zur Ruhe kommen. Meditation bedeutet Nicht-Konzentration, es ist die Kunst des Loslassens und des bloßen Seins. Je mehr du »loslassen« kannst, desto eher wirst du eine wirklich tiefe Meditationserfahrung haben. Und das bedeutet, dass du auch den Wunsch, »gut zu meditieren« oder eine »tiefe Meditationserfahrung« zu haben, ablegen musst.

Ich habe beim Meditieren immer wieder erlebt, dass mich etwas störte oder mein Geist nicht aufhören konnte, an etwas zu denken, wodurch ich nicht tief in die Meditation gelangen konnte. In dem Moment aber, als ich beschloss, dass es auch in Ordnung wäre, wenn ich nicht meditieren könnte und ich einfach für diese 15 bis 20 Minuten lang still sitzen würde, egal, was passierte, wurde meine Meditation plötzlich tiefer. Der Wunsch zu meditieren und das aktive »Tun« aufzugeben, sind wesentliche und sehr wirksame Schritte im Meditationsprozess. Der schnellste Weg zum Ziel ist hier, unendlich viel Geduld zu haben!

Es gibt eine schöne Geschichte, die oft erzählt wird, um diesen Gesichtspunkt der Meditationspraxis oder anderer spiritueller Praktiken zu illustrieren. Ich habe über die Jahre verschiedene Versionen dieser Geschichte gehört, aber beim ersten Mal, als ich sie hörte, ging sie in etwa so:

Eines Tages beschloss ein Meditationsmeister, einen Spaziergang um seinen Ashram herum zu machen, und als er seine Schüler bei der Arbeit und bei ihren spirituellen Übungen sah, musste er lächeln. Er wurde langsam alt und wusste, dass sein Körper nur noch wenige Jahre zu leben hatte.

In diesem Augenblick wandte sich einer seiner ältesten Schüler, der neben ihm ging, mit einem ernsten Gesichtsausdruck an ihn und fragte: »Meister, ich bin während der letzten Jahrzehnte Euer Schüler gewesen und habe aufrichtig meditiert. Doch Ihr selbst habt uns gesagt, dass Ihr nur noch wenige Jahre in diesem Körper verbringen werdet. Bitte sagt mir: Wann werde ich erleuchtet werden? Wann werde ich erlöst sein?«

Als er die Sehnsucht in den Augen seines Schülers sah, schloss der Meister einen Moment lang die Augen und machte Gebrauch von seiner göttlichen Vorahnung. Dann öffnete er die Augen wieder und sagte zu seinem Schüler mit viel Mitgefühl: »Du wirst noch vier ganze Leben brauchen, um Erleuchtung zu erfahren und erlöst zu werden, mein Sohn.«

Als er dies hörte, wurde das Gesicht des Schülers aschfahl, und dann machte sich Ärger breit. »Was? Vier Leben? Aber ich habe Euch und Euren Lehren fast mein ganzes Leben gewidmet. Ich habe in den vergangenen Jahrzehnten aufrichtig praktiziert! Das ist unerhört.«

Weil er das Gespräch zwischen dem älteren Schüler und dem Meister belauscht hatte, näherte sich ein Junge, der dem Ashram erst ein paar Jahre zuvor beigetreten war, zögerlich dem Meister und fragte in seiner ganzen Unschuld: »Und was ist mit mir, Meister? Könnt Ihr mir sagen, wann ich erlöst werde?«

Erneut schloss der Meister kurz die Augen, und als er sie wieder öffnete, lächelte er den Jungen an und sagte: »Siehst du diesen Baum dort drüben, den du gegossen hast? Und siehst du all die Blätter an seinen Ästen?«

»Ja, Meister«, antwortete der Junge glücklich, »die sehe ich!«

»Es wird so viele Leben dauern wie Blätter an diesem Baum hängen, bis du Erleuchtung erlangst.« Das Lächeln des Jungen wurde noch breiter und er verbeugte sich dankbar vor dem Meister.

Der ältere Schüler war immer noch verärgert, und fragte den Jungen: »Warum bist du so glücklich? Siehst du nicht, dass an diesem Baum tausende Blätter hängen?«

»Oh doch, die sehe ich. Aber ich bin so glücklich, weil ich zählen kann, wie viele es sind. Es ist eine endliche Zahl. Vielleicht sind es Tausende, ja, aber der Meister hat gerade gesagt, dass ich Erleuchtung finde, sobald diese Jahre vorüber sind.«

Tränen der Freude und Dankbarkeit rollten dem Jungen die Wangen hinab und er tanzte, voller Glück, dass er eines Tages Erleuchtung erfahren würde. Und man sagt, dass der Junge noch im selben Augenblick erleuchtet und erlöst wurde.

Eine der wunderbaren Lehren, die in dieser Geschichte steckt, ist, dass der schnellste Weg zum Ziel in der Meditation oder jeder anderen spirituellen Praxis in unendlicher Geduld liegt und nicht darin, sich zu beeilen. Natürlich soll das nicht heißen, dass man nur herumsitzt und wartet oder andere Dinge tut; es bedeutet, dass du in der Lage bist zu praktizieren, ohne ein bestimmtes Ziel erreichen oder eine bestimmte Erfahrung machen zu wollen. Unendlich viel Geduld zu haben bedeutet, ohne Unruhe oder das Verlangen nach Erfahrungen oder Ergebnissen üben zu können. Man gibt sich voll und ganz der Meditationspraxis hin und hört auf, ein bestimmtes Ergebnis zu erwarten. So kann man voll und ganz im gegenwärtigen Moment sein und tief meditieren, denn der Geist kann dann völlig entspannen. Zu wollen, dass etwas Bestimmtes passiert, bedeutet immer noch, etwas zu tun – und wie wir bereits gesehen haben, ist Meditation die Kunst des Nichtstuns, die Kunst des Loslassens. Wir wenden also auch das Prinzip an, von dem wir schon in Kapitel drei gehört haben: die Fähigkeit, ganz bei dem zu sein, was man gerade tut. Dabei vergisst man, wie oft man genau das Gleiche in der Vergangenheit schon getan hat und welche Erfahrungen man damit verknüpft. Meditiere jedes Mal, als wäre es das erste Mal, denn jede Meditationserfahrung ist anders. Vergiss alles, was du darüber zu wissen glaubst und was passieren soll. Lass alle früheren Erfahrungen von dir abfallen, ob gute oder schlechte, und sei komplett offen für das, was gerade geschieht. Vergiss, was du dadurch erreichen könntest oder was es dir bringen könnte, und übe einfach mit kindlicher Unschuld und mit Begeisterung, ohne dir Sorgen über das Ergebnis zu machen.

Je mehr du diese Leidenschaftslosigkeit übst, desto eher kannst du sogar den Wunsch zu meditieren oder Ruhe zu finden ziehen lassen. Und je weniger du diesen Wunsch verspürst, desto müheloser, tiefer und intensiver wird deine Meditation und desto glücklicher, friedlicher und freier wirst du sein.

Aber woher weißt du, dass du es richtig machst? Woher weißt du, ob du gerade meditierst? Einen Lehrer zu haben, der dich anleitet und dir versichert, dass du auf dem richtigen Weg bist, ist immer hilfreich. Aber auch wenn du allein übst, gibt es bestimmte Anzeichen dafür, dass du richtig vorgehst und Fortschritte machst.

Ein erstes gutes Zeichen ist, wenn du dich nach der Meditation entspannter, frischer und zentrierter fühlst. Dein Geist ist ruhiger geworden. Während mancher Meditationen hast du vielleicht gar nicht bemerkt, wie die Zeit vergangen ist. Oder dir ist generell nicht viel aufgefallen. Während anderer warst du vielleicht sehr aufmerksam, aber dein Geist war trotzdem entspannt. Vielleicht hast du anfangs gedacht, du hättest extrem viele Gedanken, weil sie dir aufgefallen sind. Aber dann hast du gesehen, dass schon 20 Minuten vergangen waren und plötzlich wurde dir klar, dass es gar nicht so viele Gedanken waren. Das bedeutet, es gab zwischendurch Pausen ohne Gedanken, während derer dir gar nichts bewusst war – du hattest das logische Denken hinter dir gelassen. Aber obwohl du das Gefühl hast, dass viele Gedanken hochgekommen sind, fühlst du dich danach entspannt.

Jedes Mal, wenn du meditierst, kann sich die Erfahrung anders anfühlen. Deshalb ist es sehr wichtig, dass du dich und deine Meditationserfahrung nicht beurteilst oder übermäßig analysierst. Außerdem solltest du deine Erfahrungen nicht zu sehr mit denen anderer Menschen vergleichen oder damit, was du gelesen oder gehört hast. Es gibt so viele seltsame Vorstellungen und Irrtümer, was Meditation angeht, und viele Menschen bleiben daran hängen. Ich habe erlebt, dass mich Menschen um Rat fragten, weil sie immer noch nicht das helle Licht gesehen hatten, von dem sie irgendwo gelesen hatten, obwohl das angeblich ein Zeichen dafür ist, dass sie meditieren. Die Armen hatten verzweifelt versucht, dieses helle Licht zu sehen, was ihre Meditationsversuche für den Geist nur noch anstrengender und ermüdender machte, anstatt ihn zu beruhigen. Wir können beim Meditieren alle möglichen Erfahrungen machen, aber wir bleiben nicht daran hängen oder halten uns daran fest. Wenn man regelmäßig übt, kann es sein, dass man Farben sieht, Gerüche wahrnimmt, das Gefühl hat zu schweben, dass man sich sehr leicht oder sehr schwer fühlt oder alle möglichen anderen Erfahrungen hat – oder auch gar keine.

Nach solchen Erfahrungen zu suchen oder zu versuchen, sie wieder zu erleben, führt manchmal dazu, dass man festhängt. Wie mein Meister einmal so schön sagte, als ihn jemand nach einer der Erfahrungen fragte, die ein Freund erlebt hatte, er selbst aber nicht: »Beim Meditieren geht es nicht um die Erfahrung, sondern um den Erfahrenden.« Verfange dich also nicht in Erfahrungen, vergleiche deine eigenen nicht mit denen anderer und urteile nicht. Nimm jede Meditation als neue Erfahrung wahr und heiße mit offenen Armen willkommen, was auch immer geschieht. Diese Unschuld und dieser Zustand der Hingabe sind ein weiterer sehr wichtiger Aspekt und ein mächtiges Werkzeug, das dabei helfen kann, tiefer zu meditieren. Denn wie ich bereits sagte, ist Meditation eine Kunst oder Fähigkeit, die man durch Übung erlernt und nicht durch intellektuelles Verständnis. Ich habe zwar bestimmte Richtlinien und Prinzipien vorgestellt, aber noch wichtiger ist ein unschuldiger Geist, der bereit ist, das Unbekannte zu umarmen und zu erleben. Denn Meditation bedeutet, über den Geist hinauszugehen und kann deshalb nie auf intellektueller Ebene begriffen werden. Meditation kann man nur erleben.

Es gibt eine sehr schöne Geschichte, die diese kindliche Unschuld veranschaulicht und zeigt, dass unsere Herangehensweise und unser Geisteszustand wichtiger sind als unsere

Kenntnisse der Technik. Es handelt sich um eine Erzählung des Schriftstellers Leo Tolstoy aus dem 19. Jahrhundert und ihre Botschaft ist heute noch genauso aktuell wie damals.

Die Geschichte handelt von drei Eremiten, die auf einer kleinen Insel, irgendwo in einem kleinen See in einem abgelegenen Teil Russlands lebten. Mit der Zeit verbreitete sich die Kunde von den drei Heiligen und den Wundern, die sie vollbrachten. Der örtliche Bischof begann sich Sorgen zu machen, dass die Beliebtheit der drei Eremiten die Stellung und Autorität der Kirche in der Region schwächen könnte. Nachdem er eine Zeit lang darüber nachgedacht hatte, kam der Bischof zu folgendem Entschluss: Er würde den alten Männern einen Besuch abstatten und sie die kirchlichen Gebräuche lehren. So würden die Menschen, auch wenn sie die drei weiterhin als Heilige sahen, trotzdem nicht von den Traditionen der Kirche abkommen.

Am nächsten Tag machte sich der Bischof auf den Weg zu dem See und als er das Ufer erreichte, bat er den Kapitän eines Schiffskutters, ihn zu der entfernten Insel zu bringen, auf der die drei Männer lebten. Auf die Frage, was er über die drei Männer wisse, antwortete der Kapitän, dass die Menschen im Dorf sich von den Wundern erzählten, die die Heiligen vollbrachten. »Aber ich glaube, dass Ihr Eure Zeit damit verschwendet, dort hinzufahren, Eure Heiligkeit«, fügte der Kapitän noch hinzu. »Soweit ich gehört habe sind diese Heiligen einfache Leute und nicht besonders gebildet.«

Der Bischof bestand allerdings darauf, zu den Heiligen zu fahren und der Kapitän willigte ein, ihn auf die Insel zu bringen. Als sie nah genug waren, gab der Kapitän dem Mann ein kleines Ruderboot, denn mit seinem großen Schiff kam er nicht bis in die seichteren Gewässer rund um die Insel. Der Kapitän versprach, auf die Rückkehr des Bischofs zu warten.

Am Strand angekommen, wurde der Bischof von den drei Heiligen empfangen. Sie sahen wie drei alte, arme Männer aus, die ein sehr einfaches, entbehrungsreiches Leben auf der Insel führten.

»Ich habe von Eurer ernsthaften Suche nach Gott und nach Erlösung gehört und ich denke eure Hingabe ist bewundernswert«, sagte der Bischof. »Könnt ihr mir verraten, wie ihr nach Gott und Seiner Gnade sucht? Wie betet ihr?«

Die drei Heiligen sahen einander kurz an, bevor einer von ihnen dem Bischof widerstrebend erklärte, dass sie eigentlich nicht wirklich wussten, wie man betete oder Gott diente. Ihr Gebet war in all seiner Unschuld einfach: »Ihr seid drei, wir sind drei, habt Erbarmen mit uns.«

Als er das hörte, erklärte der Bischof ihnen, dass ihr Gebet nicht richtig war, auch wenn die Absicht dahinter rein war. Dann brachte er ihnen bei, wie man der Heiligen Schrift zufolge, die Gott den Menschen gegeben hatte, beten sollte. Er lehrte sie die verschiedenen Glaubenslehren, die in der Heiligen Schrift erwähnt wurden und brachte ihnen anschließend das Vaterunser bei.

Dies war allerdings eine große Herausforderung für die drei, denn sie konnten sich nur schwer die richtigen Worte des Gebets merken. Als der Bischof sich endlich sicher war, dass die Eremiten das Gebet auswendig kannten, war es schon Nacht geworden. Nachdem er den dreien nochmals eingebläut hatte, wie wichtig es war, dass sie nur auf diese korrekte Weise beteten, machte sich der Bischof auf den Weg zu seinem Ruderboot und kehrte zurück zum Schiff des Fischers.

Der Bischof ging an Bord, doch als der Kapitän wendete und zurück zum Ufer des großen Sees steuerte, erschien hinter ihnen ein kleines Licht in der Dunkelheit. Zuerst dachte der Bischof, dass es sich um ein anderes kleines Boot handeln musste, das auch unterwegs in Richtung Ufer war. Aber als das Licht immer näherkam, erkannte er plötzlich, dass einer der drei Eremiten eine kleine Lampe in der Hand hielt und alle drei auf das Boot zugelaufen kamen.

Der Bischof war sehr erstaunt, die drei Männer so übers Wasser laufen zu sehen, als ob sie festen Boden unter den Füßen hätten und bat den Kapitän schnell anzuhalten. Als die Heiligen das Boot erreicht hatten, grüßten sie den Bischof demütig und fragten ihn etwas außer Atem: »Eure Heiligkeit, bitte vergebt uns, aber wir haben schon wieder vergessen, was Ihr uns gelehrt habt. Solange wir das Gebet aufgesagt haben, das ihr uns beigebracht habt, konnten wir uns daran erinnern. Aber als wir eine kleine Pause gemacht haben, wurde uns klar, dass wir ein paar Wörter vergessen hatten. Und plötzlich konnten wir uns an gar nichts mehr richtig erinnern. Bitte bringt es uns noch einmal bei!«

Der Bischof erkannte, dass die alten Männer tatsächlich Heilige waren, die den Segen Gottes erhalten hatten und gestand demütig seinen Fehler ein. »Meine lieben Brüder, es war dumm von mir zu glauben, ich könnte euch etwas über den Glauben lehren und darüber, wie man unserem himmlischen Vater dienen kann. Bitte betet weiter, wie ihr es vorher getan habt. Eure Gebete erreichen den Herrn, daran ist kein Zweifel. Bitte betet für uns Sünder.« Erleichtert spazierten die drei Heiligen zurück über den See auf ihre kleine Insel.

Diese Geschichte beleuchtet einen weiteren, wichtigen Aspekt einer authentischen Meditationspraxis: Es ist wichtig, der Praxis mit einem Gefühl von Achtung, Respekt oder Ehrfurcht zu begegnen. Ich denke, dass es wichtig ist, diesen Aspekt noch etwas genauer zu betrachten. Denn durch die Kommerzialisierung und die sogenannte Säkularisierung des Meditierens in vergangenen Jahrzehnten wurden einige wichtige Aspekte dieser uralten Praxis bewusst oder unbewusst in den Hintergrund gerückt oder völlig vergessen.

Wir leben gerade in einer Zeit, in der Meditation so im Trend liegt und so lukrativ geworden ist, dass es nicht nur einige wenige, sondern eine ganze Reihe von Meditations-Apps für das Smartphone, das iPad oder andere Geräte gibt. Viele davon bieten Premium-Abonnements an, die eine noch breitere Auswahl an Schnell-Meditationen versprechen. Es gibt alle möglichen Optionen, die in unser hektisches Leben passen. Manche Apps bieten sogar »Meditationen« an, die nur ein oder zwei Minuten dauern, also kurz genug sind, um auch in den vollsten Terminkalender zu passen, mit dem Versprechen, mehr Ruhe oder Raum im Kopf zu schaffen. Die meisten dieser Meditationen wurden von Menschen »erfunden« oder entwickelt, die die alten Traditionen und den Kontext, in dem diese mächtigen Praktiken gelehrt und praktiziert wurden, möglicherweise nur sehr begrenzt oder gar nicht kennen und verstehen. Das führt dazu, dass viele dieser sogenannten »Meditationen« eher aus Schnipseln beruhigender Naturgeräusche oder Instrumentalmusik bestehen, die mit einem schönen Landschaftsbild hinterlegt werden. Oder Schlimmeres.

Es scheint, als würden viele versuchen, die kulturellen oder spirituellen Elemente und Kontexte der Praxis zu löschen, um

Meditation für die Massen zugänglicher und weniger fremd zu machen. In ähnlicher Weise hat Yoga an vielen Orten einen ähnlichen Wandel – manchmal würde ich sogar sagen, eine Verzerrung – durchgemacht. Dass die Wörter »Achtsamkeit« und »Meditation« oft synonym verwendet werden, liegt unter anderem daran, dass viele Unternehmen und andere Institutionen immer noch zögern, wenn es darum geht, ihren Angestellten etwas kulturell und religiös Behaftetes wie Meditation vorzuschlagen. Etwas so Weltliches und Neutrales wie Achtsamkeit auf der anderen Seite scheint viel weniger »verfänglich«. Die Welt ist weit gekommen und wir sind heute viel offener, als wir es noch vor wenigen Jahrhunderten waren. Aber an Dingen wie diesen erkennt man, dass Weisheiten und nützliche Techniken aus aller Welt immer noch nicht von allen so akzeptiert werden wie Kleider, Mode, Technologie, Essen, Musik und Filme.

Wir sollten die Tradition nicht ablehnen, aus der die Meditation stammt. In unserem Übereifer, Dinge zu säkularisieren, leeren wir das Kind oft mit dem Bade aus. Wir entfernen Elemente aus der Praxis, die eigentlich ihren Kern bilden. Natürlich muss man kein Buddhist, Hindu oder Anhänger irgendeiner anderen Religion sein, um Meditation zu praktizieren und davon zu profitieren. Aber eine gewisse Achtung der Praxis und der Tradition und das Vertrauen in sich selbst, die Technik und den Lehrer sind überaus wichtige Aspekte der Meditationspraxis genauso wie jeder anderen spirituellen Lehre. Denn wenn du dir überlegst, was es bedeutet, Ehrerbietung, also das Gefühl der Verehrung, für etwas zu empfinden, dann wirst du erkennen, dass es sich dabei schlicht um eine totale Achtsamkeit deines Geistes handelt, gepaart mit einem Hauch von Dankbarkeit.

Ob du zu Hause einen Gast empfängst, den du schätzt, oder ein Buch oder Objekt in die Hand nimmst, das dir wichtig ist – du wirst feststellen, dass dein Geist ganz in den gegenwärtigen Moment eintaucht und du spürst ein feines Gefühl von Dankbarkeit und Glück. Eine beliebige Person, die dein Haus betritt, wird nicht den gleichen Geistes- oder Bewusstseinszustand bei dir hervorrufen. Genauso wenig wie das Aufheben einer alten Zeitung, um sie an einen anderen Platz zu legen. Und genau deshalb wurde in früheren Zeiten so viel Wert darauf gelegt, den Meister, die Praxis und die Tradition zu würdigen.

Der ganze Sinn des Meditierens ist, den Geist zu festigen, ihn zur Ruhe zu bringen und ihn so von einem zerstreuten und chaotischen Zustand in einen gesammelten übergehen zu lassen. Der Geist soll sich entspannen und schließlich über sich selbst hinausgehen. In dem Moment, in dem man sich mit einem Gefühl der Ehrfurcht vor der Praxis hinsetzt, ist bereits mehr als die Hälfte der Arbeit getan. Fehlt dieser Aspekt jedoch, nimmt die Meditationspraxis oft eher die Form einer bloßen Geistesübung an, bei der man verzweifelt versucht, einen ruhelosen Geist zu beruhigen. Und dann wundern sich die Leute, warum es so schwierig ist, den Geist länger als ein paar Sekunden auf eine Sache zu fokussieren. Diejenigen, die schon einmal Achtsamkeitsübungen gemacht haben, haben vielleicht festgestellt, dass es viel leichter gesagt als getan ist, wirklich achtsam oder bewusst zu sein. Man sollte meinen, dass allein das Bewusstsein der Notwendigkeit, im gegenwärtigen Moment zu sein, mit dem, was man gerade tut, einem erlauben würde, es bewusst zu praktizieren – wozu braucht man dann einen Kurs oder eine Ausbildung? Aber in Wahrheit fällt das vielen nicht so leicht und sich dessen bewusst zu werden, trägt nur zur Anspannung bei. Anstatt hoffnungsvoll zu sein, verliert ein Anfänger dann eher den Glauben daran, dass er den so begehrten Zustand inneren Friedens erreichen kann.

Die Mönche, Meditationsmeister und Ikonen der Befreiung und Erleuchtung wie etwa die großen Heiligen und Weisen uralter Yogatraditionen, zu denen auch Buddha zählt, gründen ihre Praxis alle auf den gleichen Erfahrungen. Ihre Praxis ist in einer uralten Tradition verwurzelt und Teil davon. Die Praxis wurde perfektioniert, erhalten und zusammen mit der Ehrfurcht vor der Tradition von Meister zu Schüler immer weitergegeben.

Aber als das Meditieren aus der Perspektive eines Geschäftsmodells interessant wurde, verloren übermotivierte Marketingabteilungen keine Zeit und nahmen der Meditation ihren kulturellen und traditionellen Ballast, um sie genauso modern wie das Fitnessstudio um die Ecke wirken zu lassen. Seelenfrieden zum Greifen nah, und das auch noch zu erschwinglichen Preisen. Eine der führenden Meditations-Apps prahlt mit dreiminütigen Einheiten, die perfekt in einen vollen Terminkalender passen – allein schon der Gedanke kann noch mehr Stress verursachen! Wirklich jeder Mensch, der schon einmal eine echte Meditationserfahrung gemacht hat, wird dir sagen, dass solche Apps sehr weit davon entfernt sind. Egal wie sehr irgendwelche Experten dafür werben. Deshalb ist es auch nicht sehr überraschend, dass die meisten Studien über moderne Achtsamkeits-Apps für das Smartphone oder das Tablet kaum Beweise für die tatsächliche Wirkung dieser Apps erkennen. Sie bewirken nicht einmal im Entferntesten, was sie ihren Nutzern versprechen. Die Entwickler solcher Apps wissen vielleicht etwas von Branding, von Kodieren und von Design. Aber sie sind keine Meister einer Tradition, die uralte Techniken durch echtes Verständnis und durch Ehrerbietung perfektioniert und erhalten hat.

Ich bin so vielen Menschen begegnet, die ihre Meditationsworkshops oder -übungen als Achtsamkeit beschrieben haben, weil sie dachten, das wäre für den Mainstream ansprechender. Ich habe sogar gehört, dass der Begriff der »säkularen Achtsamkeit« aufkam, die Menschen jeder Herkunft und in allen Lebenslagen noch zugänglicher sein soll. Oft kommt es mir so vor, als würde diese Besessenheit, alles säkularisieren zu wollen und von jeder möglichen Verbindung mit Religiosität zu befreien, mehr Schaden anrichten als Gutes tun. Hat Religion heutzutage wirklich einen so schlechten Ruf, dass alles, was nur im Geringsten religiös scheint, als synonym mit blindem Glauben, einer verzerrten Wahrnehmung der Realität und mit Dogmen verstanden wird? Oder gibt es eine tiefsitzende Angst davor, versehentlich etwas zu praktizieren, das nicht der eigenen Religion entstammt? Ist unser Glaube – ob im rationalen Denken oder in der Religion, falls man religiös ist – wirklich so instabil?

Natürlich gibt es auch das andere Extrem, bei dem man das Gefühl vermittelt bekommt, dass man nur richtig meditieren kann, wenn man alles, was man kennt, zurücklässt und zu einem Retreat in einen Kurort in den Bergen fährt oder sich in ein Kloster fernab jeder Zivilisation zurückzieht. Auch hier ist es so, dass die Wahrheit nicht in den Extremen liegt, sondern in der Mitte. Niemand wird bestreiten, dass ein friedliches Retreat in der Stille der Natur mit einem wohltuenden Blick auf die Berge oder das Meer helfen kann, sich zu beruhigen und weniger abgelenkt zu sein. Aber das soll nicht heißen, dass man nicht bequem im eigenen Zuhause lernen kann, zu meditieren und echte Stille zu spüren. Eine Praxis, die sich in den eigenen Alltag eingliedert, hilft sogar sehr viel wahrscheinlicher dabei, langfristig ruhiger und mental widerstandsfähiger zu werden.

Ich wollte diese Punkte ansprechen, weil ich zu oft erlebt habe, wie diese alten, bewährten und nützlichen Praktiken ihre Grundlagen verlieren, weil sie aus ihrem Kontext, ihrer Tradition und ihrer Kultur gerissen werden. Die uralten vedischen und yogischen Traditionen haben schon immer eine wissenschaftliche, und wissbegierig-forschende Herangehensweise begrüßt, ja sogar dazu animiert. Das ist die Grundlage dieser Systeme aus Philosophie und Praxis. Deshalb erkundeten schon vor Tausenden von Jahren weise Menschen mit ihrer wissenschaftlichen Denkweise uralte Techniken wie die Meditation und entwickelten sie weiter. Aber sie wussten, wie wichtig es ist, offen zu sein und den Lehren und der Praxis Respekt entgegenzubringen, um lernen und neue Erfahrungen machen zu können. Denn unser Geist ist feinsinnig. Respekt und Ehrerbietung als Element in die eigene Praxis einzubauen, kann also wirklich hilfreich sein und es dir erleichtern, den Geist zu lenken und zu lernen, zu meditieren.

In meinen ersten Jahren im Kampfsporttraining fiel mir irgendwann einmal auf, dass Ehrerbietung und Respekt dem Meister gegenüber auch dort eine wichtige Rolle spielten, und dass es dadurch viel leichter war, Neues zu lernen. Weil ich Achtung und Respekt spürte, war mein Geist viel fokussierter, bewusster und mehr im gegenwärtigen Augenblick. Und als ich Gurudev Sri Sri Ravi Shankar traf und erlebte, wie es war, mit ihm und unter seiner Anleitung zu meditieren, erkannte ich, dass ich endlich einen wahren Meister der Meditation getroffen hatte.

Ich lerne seit 20 Jahren von ihm und habe dabei auch persönlich viel von ihm erfahren. Die Macht der Tradition, die Macht bewährter und erprobter Techniken, die von jemandem erklärt werden, der sie wirklich beherrscht, ist etwas völlig anderes, als zu versuchen, etwas auf eigene Faust herauszufinden. Deshalb: Das Element der Ehrerbietung in die eigene Praxis einzubringen wird dir also wirklich helfen.

Und so wirst du immer tiefer in die Praxis einsteigen und daraus so viel Nutzen ziehen. Je mehr du lernst, den Geist zu entspannen und ihm für einen Moment zu erlauben, sich nach innen zu wenden und zu beruhigen, desto eher wird er beginnen, sich auszudehnen. Ein angespannter Geist fühlt sich an, als ob er sich zusammenziehen würde, und je mehr du entspannst, desto größer das Gefühl der Ausdehnung. Und je weiter der Körper und der Geist in einen Zustand der Ruhe übergehen, desto eher wird sich dein System von angesammeltem Stress und von Anspannung lösen.

Du erlaubst dem Nervensystem und dem Geist, sich zu erneuern und währenddessen befreien sie sich von ungewollten Eindrücken und Belastungen. Vielleicht erlebst du diese Befreiung auf drei verschiedenen Ebenen: auf einer physischen, einer mentalen und einer emotionalen. Auf der physischen Ebene spürst du vielleicht eine Versteifung, Unwohlsein oder ein Kribbeln. Vielleicht zucken deine Arme auch ganz unerwartet, weil ein Muskel sich plötzlich entspannt, der vorher angespannt war.

Als ich begann, regelmäßig zu meditieren, wunderte ich mich, warum ich fünf Minuten nach Beginn manchmal Rückenschmerzen oder eine Versteifung in den Beinen bemerkte, obwohl ich kein Problem damit hatte, eine Stunde oder länger in der gleichen Haltung vor dem Fernseher zu sitzen. Zuerst dachte ich, dass mir beim Fernsehen weniger stark auffiel, wie sich mein Körper anfühlte, aber ich weiß jetzt, dass es mehr ist als das. Während des Meditierens kann der Körper sich von viel angesammeltem Stress und viel Anspannung befreien und das macht sich unter anderem auf der physischen Ebene bemerkbar.

Vielleicht geht es dir beim Meditieren auch manchmal so, dass plötzlich viele Gedanken an alle möglichen Dinge hochkommen. Du denkst nicht bewusst nach oder erinnerst dich an etwas und du planst auch nichts aktiv. Es sind ganz zufällige Gedanken, die nacheinander auftauchen. Vielleicht sind es nur Eindrücke, die dein Geist freisetzt, weil er endlich zur Ruhe kommt. Das bedeutet nicht, dass du nicht meditierst oder dass es nicht richtig funktioniert – du machst es richtig und deshalb lässt du diese Gedanken frei. Je regelmäßiger du übst, desto weniger Gedanken werden aufkeimen, denn du hast schon damit begonnen, den Rückstau unnötiger Eindrücke abzubauen, der dein Nervensystem überlastet hat. Wenn Gedanken hochkommen, dann ist das kein Problem. Lass sie. Ob gute oder schlechte, positive oder negative, lass sie kommen. Bewerte sie nicht, denn dann wirst du an den guten festhalten und die schlechten loswerden wollen. Die Kunst des Nichtstuns besteht im ... Nichtstun. Wenn also ein Gedanke aufkeimt, tun wir nichts. Genau wie ein Auto, das schnell fährt, länger braucht, um abzubremsen, ist auch der Geist anfangs oft aktiver. Aber wir lassen ihn einfach zur Ruhe kommen und geben ihm Zeit. Wir strengen uns nicht an, konzentrieren uns nicht, beobachten nicht und bemühen uns nicht, loszulassen, sondern wir sind einfach nur da. Die Aufmerksamkeit, die wir anfangs auf unsere Umgebung lenken, auf unseren Körper, unseren Atem, ist nicht das Ziel. All dies sind nur Mittel, den zerstreuten Geist zu sammeln und zu beruhigen, bevor er schließlich auch die Aufmerksamkeit fallen lassen kann.

In den heiligen Schriften wird auch einer der Wege zur Erlösung oder Freiheit so beschrieben: Habe nur einen Wunsch, und zwar frei zu sein. Dieser Wunsch ist so stark, dass du alle anderen Wünsche vergisst und wenn nur noch dieser eine Wunsch bleibt, vergiss auch ihn. Wie der eine starke Wunsch, der alle anderen verdrängt, ist auch das anfängliche Gewahrsein des Geistes wie der Alaun, der ins Wasser gegeben wird, um es zu reinigen, und der sich dann selbst auflöst und nichts als reines Wasser zurücklässt. Hier sehen wir, dass die meisten der gängigen Achtsamkeitsübungen und Meditationen eigentlich nur Vorbereitung sind, nicht die eigentliche Meditation. Sie gehen nie über den Geist hinaus.

Schließlich ist es auch möglich, dass während der Meditation verschiedene Gefühle hochkommen. Wenn das geschieht, ist es auch hier wichtig, sich daran zu erinnern, dass wir sie nicht analysieren müssen. Denn sie werden von deinem System nur freigesetzt, weil es sich entlastet. Wir denken selten darüber nach, welche Auswirkungen es auf uns hat, unsere Gefühle nicht auszudrücken. Natürlich können oder sollen wir oft nicht zeigen, dass wir uns ärgern, genervt oder frustriert sind. Denn wir leben in einer Gesellschaft, die bestimmten Benimmregeln folgt. Was würde passieren, wenn du dich nicht zurückhalten könntest und deinem Ärger jedes Mal freien Lauf lassen würdest, wenn dein nerviger Chef die Anerkennung für deine Arbeit einheimst? Du wärst deinen Job bald los! Genauso wenig kannst du jedes Mal deinem Unmut Luft machen, wenn du dich über ein Familienmitglied ärgerst, denn sonst würde dein Zuhause bald zu einem Kriegsgebiet. Aber ein Gefühl nicht auszudrücken, bedeutet nicht, dass wir es nicht fühlen. Jedes Mal, wenn wir es spüren, hinterlässt das Spuren in unserem Nervensystem, auch auf hormoneller Ebene. Und wenn wir dem Körper und dem Geist erlauben, sich tief zu entspannen, dann befreien sie sich automatisch von diesen unnötigen Belastungen.

Je entspannter und ruhiger du wirst, je mehr du dich von Stress, Anspannung und Sorgen befreien kannst, desto klarer erkennst du, dass all die Dinge, nach denen du gesucht hast, wie Glück, Frieden, ein Gefühl von Freiheit und des Wohlbefindens bereits vorhanden sind. Sie waren nur von all den mentalen Wolken in deinem Kopf verdeckt und jetzt kann die Sonne deiner wahren Natur wieder scheinen. Genau wie damals, als du noch ein Kind warst. Jetzt brauchst du dir nur noch die Zeit zu nehmen, Meditation zu einem Teil deines Lebens zu machen.

# ♨ WEISHEITS-SUTRAS ♨

- Mediation ist eine Fähigkeit, die man durch Übung erlangt und nicht durch intellektuelles Erfassen.
- Ehrerbietung verbessert deine Meditationspraxis erheblich. In diesem Zustand ist dein Geist ohne Anstrengung vollkommen fokussiert, ganz im gegenwärtigen Moment und du spürst Freude und Dankbarkeit.

# 10-MINUTEN-ÜBUNG

Übe den Prozess, der in diesem Kapitel beschrieben wurde, um mit dem Meditieren zu beginnen. Mach dich mit den wesentlichen Schritten vertraut. Lass dann einfach los und genieße es. Vergiss die Geschichte von den drei unschuldigen Heiligen nicht: Deine Einstellung und deine Aufrichtigkeit sind wichtiger als das genaue Befolgen aller Anleitungen. Als Grundregel könntest du an die folgenden Prinzipien denken, egal, ob du Meditationsanfänger bist oder schon länger meditierst:

1. Finde einen Ort, an dem du sitzen kannst, ohne gestört zu werden. Bereite deinen Körper dadurch vor, dass du nur eine leichte Mahlzeit zu dir nimmst und ein bisschen Sport oder ein paar Dehnübungen machst, um den Körper aufzuwärmen und zu lockern.
2. Sitze aufrecht, aber bequem da und entspanne dann bewusst den gesamten Körper. Werde der Geräusche um dich herum gewahr und akzeptiere sie, lass sie da sein.

3. Erlaube deinem Atem, ruhiger zu werden und halte still. Erlaube dem Geist, noch ruhiger zu werden.

4. Vergiss alle anstehenden Aufgaben, alle Wünsche, Ambitionen, Identitäten und Bezeichnungen deiner selbst. Du bist eine Zeit lang völlig zufrieden im gegenwärtigen Moment. Du bist nichts, willst nichts und du musst gerade auch nichts tun.

5. Jetzt entspanne dich völlig und erlaube allen Gedanken und Gefühlen in deinem Körper, zu kommen und zu gehen, wie sie wollen.

6. Nimm dir danach ein oder zwei Minuten, um dich aus der Meditation zu lösen, bevor du die Augen öffnest und dich wieder deinen Aktivitäten widmest.

Es ist immer empfehlenswert, eine Meditationstechnik zumindest anfangs von einem Lehrer zu lernen, der dir persönliche Anleitung gibt. Aber für diejenigen, die noch neu im Meditieren sind und die großartigen Programme, die wir anbieten erst noch erkunden müssen, können die angeleiteten Meditationen meines Meisters Gurudev Sri Sri Ravi Shankar ein wunderbarer Anfang sein. Auf seinem YouTube-Kanal hält er regelmäßig Onlinemeditationen ab. In der Gegenwart eines echten Meisters zu meditieren ist eine tiefgehende Erfahrung und es braucht so viel weniger Anstrengung. Dieses Erlebnis ist es wert!

# Kapitel 7

# ZEIT ZUM MEDITIEREN FINDEN

*Wie viele andere Bahnhöfe in Assam ist auch der Bahnhof von Diphu nicht besonders groß, weshalb mein Zug dort auch nur wenige Minuten anhielt. Ein Waggon nach dem anderen zog an mir vorbei, bis der Zug unter lautem Quietschen zum Stillstand kam. »Swamiji, Ihr Waggon ist dort hinten. Wir müssen ans andere Ende des Bahnsteigs! Ich nehme Ihren Koffer.«*

*Einer der ehrenamtlichen Helfer, der mich zum Bahnhof gebracht hatte, nahm meinen Koffer und ich schulterte meinen Rucksack. Gemeinsam rannten wir schnell ans Ende des Bahnsteigs und wichen dabei Menschen aus, die gerade ausstiegen oder versuchten, noch rechtzeitig einzusteigen. Gleichzeitig passten wir auf, nicht auf Menschen zu treten, deren Zug Verspätung hatte und die beschlossen hatten, es sich im Sitzen oder Liegen direkt auf dem Bahnsteig bequem zu machen.*

*Wir fanden den richtigen Waggon und stiegen schnell ein.*
*»Das ist Ihr Sitzplatz, Swamiji. Nummer 12, untere Koje. Ent-*
*schuldigen Sie, der Herr.« Er verstaute meinen Koffer unter*
*dem Sitz, nachdem der Mann, der dort saß, ein wenig zur Seite*
*gerückt war. »Haben Sie es bequem genug? Brauchen Sie noch*
*irgendetwas? Wir hoffen, Sie kommen bald zurück nach Karbi*
*Anglong!«*

*»Das hoffe ich auch!«, sagte ich und dankte ihm für seine*
*Hilfe. »Keine Sorge, ich habe es bequem. Geh nur, der Zug*
*fährt gleich los.« Nachdem er schnell als Geste des Respekts*
*meine Füße berührt hatte, rannte der Junge los und sprang*
*gerade noch rechtzeitig auf den Bahnsteig, bevor der Zug be-*
*gann aus dem Bahnhof zu rollen.*

*Ich stellte meinen kleinen Rucksack auf dem Sitz neben*
*mir ab, platzierte meine Schuhe unter dem Sitz, zog die Beine*
*an und lehnte mich zurück. Der Vorteil am Reisen im Schlaf-*
*waggon ist, dass man auf den Betten auch bequem im Schnei-*
*dersitz sitzen kann. Ich sah auf dem Handy nach, wie spät es*
*war. Mir blieb noch etwa eine halbe Stunde, bevor das Abend-*
*essen ausgeteilt wurde – gerade genug Zeit, ohne gestört zu*
*werden. Ich schloss die Augen, entspannte die Schultern,*
*nahm ein paar tiefe Atemzüge, erlaubte meinem Atem sich zu*
*beruhigen und begann meine Abendmeditation. Bald rückten*
*die Geräusche des über die Schienen rollenden Zuges, der Kin-*
*der im angrenzenden Abteil und der Musik, die aus jemandes*
*Kopfhörern drang, in den Hintergrund, bis ich sie nicht mehr*
*bemerkte. Einen Augenblick lang fiel mir noch das Geräusch*
*der Klimaanlage auf, die versuchte, die heiße, feuchte Luft aus*
*dem Abteil zu vertreiben, die wir hereingelassen hatten – für*
*diese Jahreszeit typisches Wetter in diesen Teilen Assams –, bis*

*auch das meiner Wahrnehmung entglitt. Mein Geist begann, sich auszudehnen und schon bald nahm ich nur mehr ganz unterschwellig wahr, wie sich mein Körper vorwärts, rückwärts und seitwärts bewegte, während der Zug über holprigeres Gelände fuhr. Mein Geist und mein Körper waren in einen Zustand tiefer Entspannung übergegangen und alles was blieb, war ein Gefühl schrittweiser Ausdehnung. Als ich schließlich wieder die Aufmerksamkeit auf meinen Körper und Geist richtete, nahm ich mir kurz Zeit, um auch meine Umgebung wieder wahrzunehmen, bevor ich die Augen öffnete. Es waren ungefähr 25 Minuten vergangen und ich fühlte mich viel erfrischter. Auch mein Geist war ruhiger geworden.*

*Als ich die Augen öffnete, sah mich der Mann, der auf meinem Platz gesessen hatte, als wir eingestiegen waren, lächelnd an. Er hatte den Platz mir gegenüber. »Haben Sie meditiert?«, fragte er mich zögerlich. »Ich hoffe, die Frage stört sie nicht.«*

*»Überhaupt nicht«, antwortete ich. »Und ja, habe ich.«*

*»Mir ist Ihre Kleidung aufgefallen und wie der Junge, der sie hergebracht hat, mit Ihnen gesprochen hat. Arbeiten Sie für eine spirituelle Organisation? Hare Krishna? Sie sprechen fließend Hindi, aber Sie sehen aus, als kämen Sie aus dem Ausland?«*

*Ich lächelte. »Ja, ich komme aus den Niederlanden, aber ich lebe schon seit zehn Jahren in Indien. Ich bin ein Schüler von Gurudev Sri Sri Ravi Shankar, des Gründers von The Art of Living. Sie haben bestimmt schon von ihm gehört?«*

*»Oh ja, ja ich habe ein paar seiner Vorträge im Fernsehen gesehen. Ich mag ihn, was er sagt klingt nicht kompliziert und ist einfach zu verstehen. Sie sind also zum Arbeiten hergekommen?«*

»Ja, ich beaufsichtige einige unserer humanitären Hilfs-projekte im Nordosten des Landes und ich habe gerade ein Meditationsretreat und ein paar Yogaseminare hier in Diphu geleitet.«

»Oh ja, ich habe gesehen, dass Sie meditiert haben. Ich habe es auch eine Zeit lang versucht, aber ich kann meinen Geist nicht dazu bringen, dass er aufhört, zu denken. Aller-dings mache ich jeden Morgen einen Spaziergang. Naja, nicht jeden Tag, aber so oft es geht. Sie wissen ja, wie das ist, man hat heutzutage viel weniger Zeit für solche Sachen.«

Was mir dieser Mann gesagt hatte, stimmte. Eine der größten Herausforderungen im Leben ist, Zeit für die Dinge zu finden, die uns wichtig sind oder die wir tun sollten. Das ist einer der Hauptunterschiede zwischen erfolgreichen Menschen und al-len anderen – und mit Erfolg meine ich nicht nur hochrangige Jobs oder ein gefülltes Bankkonto. Ich spreche vor allem von den Menschen, die im Leben wirklich glücklich, zufrieden, erfüllt, dankbar und ruhig sind, ganz unabhängig von ihrem Job, ihrer gesellschaftlichen Stellung oder ihrem Einkommen.

Die meisten von uns wissen ja, was wichtig ist oder was uns persönlich wichtig ist. Aber wir sagen auch immer wieder, dass wir keine Zeit dafür haben, ohne uns klarzumachen, dass man sich, um Zeit zu haben, Zeit nehmen muss. Wenn man auf den Tag wartet, an dem man endlich all die Dinge tun kann, die man aufgeschoben hat, dann wird er wahrscheinlich nie kommen. Außer, wir geraten plötzlich in eine Pandemie und das Leben kommt völlig zum Stillstand. Abgesehen von all den negativen Auswirkungen, die der Lockdown weltweit auf die Menschen hatte, bedeutete er auch, dass fast alle, die ich kenne, endlich Zeit und Raum bekamen, um Dinge zu tun, die sie schon sehr lange hatten tun wollen. Sogar jahrelang, aber sie hatten einfach keine Zeit gehabt. Und im Zuge dessen haben viele Menschen ihr Leben und ihre Ziele überdacht und überlegt, was sie eigentlich mit ihrem Leben anfangen wollen. So gesehen bedeutete diese plötzliche Unterbrechung ihres hektischen Lebensstils für viele Glück im Unglück. Sie gab ihnen Zeit, herunterzufahren, sich selbst zu beobachten und den Blick nach innen zu wenden.

Seien wir doch ehrlich, das Leben ist in den letzten Jahrzehnten viel hektischer geworden und es wird immer noch hektischer. Alles läuft schneller und es wird immer normaler, dass man sich für die grundlegendsten Dinge im Leben »Zeit nehmen« muss, sei es für Essen, Sport oder Zeit mit der Familie.

Ich erinnere mich noch an meine Grundschulzeit, bevor jeder ein Mobiltelefon hatte und man Sprachnachrichten hinterließ oder es Messenger-Apps gab. Wenn man jemanden anrief, dann nahm man das Festnetztelefon in die Hand, wählte die Nummer und wenn man Glück hatte, hob jemand ab. Falls nicht, konnte man annehmen, dass die Person gerade beschäftigt oder nicht verfügbar war und dass man es eben später noch einmal versuchen musste. Mit den Mobiltelefonen änderte sich das, denn man nahm sein Telefon überall hin mit. Heute kann man in den meisten Messenger-Apps sogar sehen, ob jemand »online« ist oder nicht. Wenn man nicht abhebt, dann bekommt man eine Nachricht, und wenn man darauf nicht schnell antwortet, dann muss man manchmal sogar erklären, warum. Dein Chef erwartet vielleicht von dir, dass du auf eine weitergeleitete E-Mail innerhalb einer Stunde antwortest. Er hat wahrscheinlich wenig Verständnis dafür, wenn du ihn nicht sofort zurückrufst, nachdem du seinen Anruf verpasst hast. Niemand denkt, dass du gerade beschäftigt sein könntest oder, schlimmer noch, ein eigenes Leben hast. Wir laufen in unserem Hamsterrad und versuchen so, viele Aktivitäten und Gelegenheiten für weitere Erfahrungen in die immer gleichen 24 Stunden jedes Tages zu pressen. Dabei laufen wir oft Dingen hinterher, die uns den Frieden und das Glück versprechen, nach dem wir suchen. Aber anhaltende Freude und Erfüllung gleiten uns immer wieder durch die Finger. Wir schaffen zwei oder drei Dinge gleichzeitig, aber vergessen dabei völlig, sie auch zu genießen. Es gibt eine kurze Parabel von Leo Tolstoy, die diese Zwickmühle wunderbar illustriert. Sie lautet in etwa so:

Es lebte einmal ein Mann in Indien, der alles verloren hatte. Entmutigt und verzagt saß er auf der Straße außerhalb seines Dorfes, in der Nähe eines Tempels und bettelte Passanten um Kleingeld an. Nicht ein einziger Tag verging, an dem man den Bettler nicht dort antraf. Er saß immer am gleichen Platz und bettelte. Viele Jahre zogen ins Land und der Bettler wurde immer älter, bis er eines Tages starb.

Gütig wie sie waren, beschlossen die Arbeiter aus dem nahe gelegenen Tempel, sich um die Beerdigung des Mannes zu kümmern. Als sie dies getan hatten, reinigten sie den Ort, an dem der Bettler all die Jahre gelebt hatte. Sie räumten all die Lumpen und das Gerümpel fort und beschlossen, auch ein wenig von der obersten Erdschicht des Ortes abzutragen.

Während sie das Gelände säuberten, stieß einer von ihnen auf einen harten Gegenstand im Boden. Sie gruben tiefer in die

Erde und entdeckten ein schweres Gefäß, das dort vergraben war. Als sie es öffneten, sahen sie, dass es voller Goldmünzen war. Die Arbeiter schüttelten ihre Köpfe angesichts der Ironie der Situation. Der arme Mann hatte jahrelang Passanten um Kleingeld angebettelt und dabei die ganze Zeit, ohne es zu wissen, auf einem solchen Schatz gesessen. Obwohl er auf solchen Reichtümern gesessen hatte, war er als armer und unglücklicher Mann gestorben.

Bevor wir über diesen Bettler urteilen, sollten wir in uns gehen und erkennen, dass wir gar nicht so anders sind. Erinnerst du dich an die Geschichte über Mullah, der vor seinem Haus nach seinen Schlüsseln suchte, obwohl er sie drinnen verloren hatte? Wir sagen, dass wir keine Zeit zum Meditieren haben, keine Zeit, um den Blick nach innen zu wenden, aber warum? Weil wir so damit beschäftigt sind, Dinge zu erreichen, zu bekommen und zu erleben, die uns Frieden, Freude und Erfüllung, Liebe und Freiheit versprechen. Aber wie wir in den ersten Kapiteln dieses Buchs gelernt haben, ist es am Ende nicht mehr als das: ein Versprechen. Ein Versprechen späteren Glücks, niemals des Glücks im gegenwärtigen Augenblick. Und wir haben erkannt, dass wahres Glück nur im Jetzt liegt, niemals im Später. Man kann es nur erfahren, wenn der Geist ruhig ist, wenn er im gegenwärtigen Augenblick ankommt und wenn wir uns von der Last der Vergangenheit und der Ungewissheit der Zukunft befreien.

Wir müssen uns darüber klar werden, dass der Schalter in unserem Inneren liegt und dass wir die Abkürzung ignorieren, die uns gezeigt wurde. Stattdessen versuchen wir, unser Ziel auf einem viel längeren Weg zu erreichen, der uns vielleicht gar nicht dorthin führt.

Erinnere dich an die Freude, die Freiheit und den Frieden, die wir alle als Kinder erlebt haben, und mach dir bewusst, dass sie nicht für immer verloren sind. Sie sind noch da, in dir, aber sie sind vom Schmutz und Staub deiner Anspannung, deiner Begierden, deines Verlangens, deiner Abneigung und deines maßlosen Ehrgeizes verdeckt worden. Wenn du diesen Staub entfernst, stößt du auf den Schatz, der dort die ganze Zeit vergraben war und der immer in Reichweite lag. Es ist nicht so schwer, wie du vielleicht glaubst, aber es braucht Bewusstheit, Verständnis und ein bisschen Engagement.

Du bist schon dabei, dir dieser Dinge bewusst zu werden, denn wir haben in den vorigen Kapiteln besprochen, wie wichtig es ist, Meditation zu einem Teil unseres Lebens zu machen. Wir haben auch gelernt, dass wir tatsächlich einen Augenblick auf die Bremse steigen und völlig bei dem sein müssen, was wir gerade tun. Anstatt uns einfach eine App für eine Drei- oder Fünf-Minuten-Meditation herunterzuladen, vermarktet als perfekte Ergänzung unserer Fast-Food- und Multitasking-Kultur. Was dem eigentlichen Sinn der Meditation völlig widerspricht.

Das soll nicht heißen, dass Meditieren nichts für beschäftigte Menschen mit einem vollen Terminkalender ist. Ganz im Gegenteil. Meditation ist noch wichtiger, wenn man ein stressiges Leben führt. Sie wird vom Luxus zur Notwendigkeit, wenn man sich ein gewisses Maß an Glück und Zufriedenheit erhalten will.

Aber sich des Problems und der Lösung bewusst zu sein, reicht noch nicht aus. Um an den Punkt zu gelangen, an dem man wirklich beginnt, etwas zu »tun«, muss man auch verstehen, warum es wichtig ist. Man kann ein Buch mit köstlichen

Kuchenrezepten, detaillierten Beschreibungen und schönen Bildern durchblättern. Aber solange man sie nicht selbst backt und isst, wird man nie die Erfahrung machen, wie es ist, ein Stück Kuchen zu genießen, und man wird auch nicht satt werden. Man kann unendlich viele Bücher darüber lesen, wie man sein Leben ändert, und trotzdem wird nichts passieren, solange man sich nicht dazu entschließt, es auch tatsächlich zu tun. Und das geschieht erst, wenn man erkennt, dass man diese Änderung ernsthaft verfolgen muss. Denn im Leben geht es immer um das Setzen von Prioritäten. Du hast gelesen, wie wichtig es ist, im gegenwärtigen Augenblick zu sein, einen ruhigen Geist zu besitzen und im Hier und Jetzt keine Gelüste oder Abneigungen zu haben. Aber all das ist nutzlos, solange man es nicht selbst erlebt. Und deshalb müssen wir meditieren – um diesen Zustand tatsächlich zu erleben und zu verstehen. Ansonsten ist es, als würden wir erwarten, dass wir vom Lesen der Speisekarte satt werden könnten. Das wird nie passieren.

Ich kenne viele Menschen, die mit dem Rauchen aufhören wollen, aber nur wenige haben es getan. Sie wissen alle, dass es ungesund ist und sogar Lungenkrebs verursachen kann, aber sie zünden sich trotzdem die nächste Zigarette an. Alle »wissen« zwar, dass es schlecht für die Gesundheit ist, aber nur wenige »verstehen« wirklich, was das heißt. Ich kenne auch einige Menschen, die es geschafft haben, über Nacht mit dem Rauchen aufzuhören, weil plötzlich ein enger Freund oder ein Verwandter an Lungenkrebs oder etwas Ähnlichem gestorben war. Plötzlich wurden die Gefahren einer solchen Krankheit sehr real und sie »verstanden« endlich. Und als diese Erkenntnis einsetzte, fiel es ihnen umso leichter, das Rauchen aufzugeben. Es schien jetzt völlig selbstverständlich zu sein.

Ich könnte noch viel mehr Beispiele dafür geben, dass Menschen plötzlich »verstanden«, warum etwas für sie wichtig war. Ob Sport, eine Ernährungsumstellung, das Beachten von Verkehrsregeln oder etwas ganz anderes. Es half ihnen dabei, ihre Gewohnheiten und Prioritäten über Nacht zu ändern. Man muss einfach die Bedeutung dessen verstehen, was man tut. Schließlich finden wir ja auch immer Zeit zum Essen, egal, wie stressig unser Tag war. Warum? Weil wir wissen, wie wichtig es ist. Genauso achten wir darauf, uns zu waschen und die Zähne zu putzen, bevor wir einen wichtigen Termin wahrnehmen, egal, wie knapp die Zeit ist. Jedenfalls hoffe ich das für dich und auch für die Menschen, die du triffst.

Du hast es dir angewöhnt, dich morgens zu waschen und dir die Zähne zu putzen, weil du irgendwann verstanden hast, wie wichtig das ist. Als du noch klein warst, musste dir deine Mutter vielleicht sagen, dass du dir die Zähne putzen sollst, aber heute brauchst du dafür keine Erinnerung mehr. In gleicher Weise müssen wir verstehen, dass es in unserer modernen Welt notwendig ist, auch Meditation zur täglichen Routine zu machen. Wie mein Meister gern sagt: »Wir haben zwar verstanden, dass wir uns um unsere Zähne kümmern müssen, aber um unseren Geist kümmern wir uns oft zu wenig.« Genauso wie du also ein- oder zweimal am Tag duschst, um den Körper zu erfrischen, müssen wir auch ein- oder zweimal täglich meditieren, um den Geist zu erfrischen. Keine Sorge, 15 bis 20 Minuten reichen schon aus, genau wie beim Duschen. Genauso wie wir nicht stundenlang duschen oder Zähne putzen, müssen wir auch für das Meditieren nicht alles andere im Leben aufgeben. Aber wir müssen Prioritäten setzen. Es braucht ein wenig Disziplin und Hingabe.

Und bevor du dich jetzt aufregst und in eine Abwehrhaltung übergehst, nur weil du, wenn du die Wörter Disziplin und Hingabe hörst, denkst, dass du deine Freiheit und wertvolle Zeit verlieren könntest. Lass uns über diesen Irrtum sprechen. Wir haben oft das Gefühl, dass uns Disziplin oder Routine die Freiheit nehmen, zu tun, was wir wollen. Dass sie uns einschränken und einengen. Aber interessanterweise ist es eigentlich genau andersherum.

Wenn du genau hinsiehst, dann erkennst du, dass Disziplin dich befreit und dein Leben bequemer macht. Die Disziplin, mit der du dir die Zähne putzt, verhindert, dass du Zahnschmerzen, schlechten Atem oder andere Probleme bekommst. Sie macht dich freier, denn niemandem geht es mit Zahnschmerzen oder einem halben Zahn gut. Die Disziplin, mit der du deine Ernährung kontrollierst, hält dich gesund und fit. Menschen, die ihre Ernährung nicht diszipliniert im Auge behalten, bekommen oft Gesundheitsprobleme und leiden an allen möglichen Beschwerden. Dadurch sind sie viel unruhiger als du. Auch diszipliniert Sport zu machen sorgt dafür, dass du fitter bist und dich generell besser fühlst. Du leidest wahrscheinlich nicht an der Steifheit, den Schmerzen und Beschwerden, mit denen deine Kollegen kämpfen, die stundenlang im Büro sitzen, ohne Sport zu treiben.

Manche Menschen haben mich bemitleidet, weil ich morgens früh aufstehen muss, um ein bisschen Sport, Yoga und Atemübungen zu machen und zu meditieren, während sie ausschlafen können. Ihnen war nicht klar, dass diese kleine morgendliche Investition mich nicht nur gesünder macht, sondern mir Ruhe für den Tag schenkt und mich all meine Aufgaben effizienter erledigen lässt. Dadurch, dass du dir Zeit zum Meditieren nimmst, hast du den Rest des Tages über viel mehr Energie, und du wirst viel effizienter. Und nicht nur das. Weil Meditation dabei hilft, den Geist zu entspannen, verbessert sich auch deine Schlafqualität deutlich.

Es ist vorgekommen, dass Menschen während ihrer ersten Meditationseinheit bei mir eingeschlafen sind, weil ihr Körper so erschöpft war, dass er sich, sobald er tief entspannen konnte, die Ruhe holte, die er dringend brauchte. Und auch das ist in Ordnung. Danach fühlten sie sich so gut, und sobald der Körper und der Geist sich einmal erholt hatten, konnten sie auch meditieren.

Viele Menschen erleben eine drastische Verbesserung ihrer Schlafqualität, sobald sie regelmäßig meditieren. Denn ihr Geist ist so viel ruhiger und wird immer besser darin, auch nachts »loszulassen«. Immerhin kann man sich nur dann wirklich entspannen, wenn man alles andere loslässt, alle Pläne, Sorgen und Bestrebungen. Wenn du das nicht kannst, dann schläfst du auch nicht ruhig. Wir alle haben schon von Problemen oder Plänen geträumt, die uns noch durch den Kopf gingen, als wir uns ins Bett legten. Beim Meditieren lernen wir, wie wir wirklich loslassen, wenn auch nur eine Zeit lang.

Sobald du einmal wirklich »verstanden« hast, wie gut es für dich ist, Meditation in deinen Alltag einzubauen, musst du es nur noch regelmäßig tun. Je regelmäßiger du meditierst, desto einfacher und müheloser wird es. Schon in uralten Schriften zu Yoga und Meditation wird betont, wie wichtig es ist, regelmäßig zu üben. Denn dadurch wird die Praxis wirklich ein Bestandteil deines Lebens und kann dir, vor allem am Anfang, den maximalen Nutzen bringen. Es heißt, dass alles, was man 48 Tage in Folge übt, zur Gewohnheit wird. Wenn du lang genug damit weitermachst, wird es irgendwann zu deiner zweiten Natur. Jeder Athlet oder jeder Mensch, der regelmäßig Sport macht, wird dir sagen, dass es nach einer zweiwöchigen Pause ein paar Tage dauert, um wieder ins Training zu kommen. Dasselbe gilt zu einem gewissen Grad auch für deine Meditationspraxis.

Ein weiterer wichtiger Punkt ist, dass du bei deiner Praxis bleibst und nicht jeden Tag etwas anderes probierst oder versuchst, verschiedene Techniken zu kombinieren. Verschiedene Meister geben verschiedene Anleitungen, abhängig davon, wer ihre Schüler und Schülerinnen sind, aber lass dich davon nicht verwirren. Erkenne, was für dich relevant ist und funktioniert. Bei einer Praxis zu bleiben, jedenfalls für eine längere Zeit, erlaubt dir, Fortschritte zu machen und etwas zu erreichen. Du wirst Ergebnisse sehen. Alle paar Tage etwas Neues oder anderes zu versuchen, ist, als ob du an tausend Orten zugleich gräbst und dich fragst, warum du nie auf Wasser stößt. Versuche, an einem einzigen Ort tausend Meter tief zu graben, und du stößt definitiv auf Wasser! Bei einer Meditationspraxis zu bleiben, sie regelmäßig zu üben und wertzuschätzen, kann dir also sehr dabei helfen, auf deiner Reise nach innen Fortschritte zu machen. Und wenn du immer noch das Gefühl hast, dass du nicht genug Zeit hast, dann nimm sie dir. Du wirst sehen, dass dir das viel mehr bringt als fast alles andere, womit du deine Zeit verbringst. Solange dir genug Zeit bleibt, dir Sorgen zu machen, dich zu stressen, aufzuregen oder deprimiert zu sein, musst du aufwachen und erkennen, dass du auch genug Zeit hast, um zu meditieren. Und du sie dir nehmen solltest.

Falls dich das Meditieren am Anfang langweilt, dann sei dir bewusst, dass das nur eine Phase ist. Weil du noch nicht wirklich zur Ruhe gekommen bist und noch darauf wartest, dass etwas passiert, bleibt dein Geist aktiv. Meditieren zu lernen ist eine wunderbare Reise, auf der man lernt, die Stille, das Nichtstun und den gegenwärtigen Moment zu lieben. Man lernt, den Geist wirklich ganz zur Ruhe kommen zu lassen. Es ist eine Reise, die ein völlig neues Maß der Freude für dich bereithält, eine Freude, die viel tiefgehender und andauernder ist als alles, was du bisher gewohnt warst.

Vergiss nicht, Meditation ist eine Kunst, die mit Hingabe an deine Praxis entsteht, und nicht dadurch, dass du sie auf intellektueller Ebene »erfasst«. Anders als bei den meisten Achtsamkeitsübungen musst du dich also nicht konzentrieren oder dir etwas vorstellen. Das Einzige, was du tun musst, ist aufhören, Dinge zu tun – Mühelosigkeit anstatt Anstrengung. Du gönnst deinem Geist ganz bewusst eine Pause von all den Sorgen, dem Nachdenken und dem Planen, mit dem er sich so gern beschäftigt. Du erlaubst ihm, langsamer zu werden und Energie zu tanken.

Jetzt, wo du deine Meditationspraxis beginnst, ist es auch wichtig, deine Erfahrungen nicht mit denen anderer Menschen zu vergleichen oder mit Dingen, die du gehört oder gelesen hast. Denn auch wenn gewisse Erfahrungen – manche Menschen sehen Farben, ein helles Licht oder hören Geräusche – eintreten können, so sind sie doch nur Erfahrungen. Und die meisten von ihnen sind subjektiv. Solche Erfahrungen herbeiführen zu wollen, sich daran festzuhalten und sie als Messlatte für deinen Erfolg beim Meditieren zu sehen, verwirrt dich nur oder lenkt dich ab. Oder schlimmer noch, es frustriert dich und bringt dich dazu, ganz mit dem Meditieren aufzuhören. Vergiss nicht, beim Meditieren geht es nicht um Erfahrungen, sondern um den Erfahrenden.

Woher weißt du also, dass du Fortschritte machst? Was sind Anzeichen dafür, dass du dich deinem Ziel näherst und dass deine Meditationspraxis erste Früchte trägt? Wenn du dich danach erfrischt fühlst und langsam merkst, dass Freude, Enthusiasmus, ein Gefühl des Friedens und der Freiheit in deinem Leben zunehmen.

Hast du dich einmal gefragt, was wahrer Frieden ist? Was echten Seelenfrieden ausmacht? Seelenfrieden bedeutet, dass dein Geist von Natur aus fokussiert ist und nicht zerstreut. Es ist ein Zustand, in dem der Geist mühelos auf das Jetzt fokussiert ist; darauf, was gerade geschieht. Wahrer Frieden ist es, wenn du vollkommen bei dem bist, was gerade in diesem Moment an genau diesem Ort geschieht. Wenn du irgendwo, ganz subtil, das Gefühl hast, dass dieser Augenblick nicht in Ordnung ist, dann wandert dein Geist in Richtung Vergangenheit oder Zukunft. Wahrer Frieden ist es, wenn du im Hier und Jetzt bist, weil es so in Ordnung ist.

Genauso bedeutet wahre Freiheit die Freiheit von Vergangenheit und Zukunft. Man fühlt sich wohl in diesem Moment. Denn wenn dieser Moment nicht in Ordnung, nicht perfekt ist, keimt immer irgendein Wunsch in dir auf. Schließlich bedeutet ein Wunsch genau das: dass der gegenwärtige Moment, dass das, was hier und jetzt gerade ist, nicht so ist, wie es sein sollte. Und jeder Wunsch, jedes Verlangen, was auch immer es ist, hindert dich daran, tief zu meditieren, und behindert deine Suche nach Frieden. Du kannst mit geschlossenen Augen dasitzen, und trotzdem wird dein Geist auf seine eigene Reise gehen und dich vom Meditieren abhalten. Wenn wir also alle Grundsätze anwenden, die wir im Laufe dieses Buches gelernt haben, um während der Meditation über unsere Wünsche hinauszugehen, dann kann dieses Gefühl der Akzeptanz, des Friedens, der Freiheit und der Freude auch auf andere Lebensbereiche übergehen. Du wirst merken, wie sie immer mehr Teil deiner selbst werden und das sogar im Alltag.

Normalerweise ist unser Blick tagsüber, solange wir wach sind, nach außen gerichtet. Wir sind beschäftigt; wir arbeiten, unterhalten uns, erleben Dinge oder denken nach, und all das ermüdet uns und nimmt uns Kraft, so schön es auch sein mag. Außer beim Meditieren. Beim Meditieren legen wir eine Pause für den Körper und den Geist ein und hören einen Augenblick lang auf, nach außen zu blicken. Wenn wir den Blick nach innen wenden, gewinnen wir Ruhe, Erholung und Erleichterung, und genau das braucht die heutige Welt.

Es herrschen enorme Unsicherheit, Angst, Spannung und Depression in der Welt von heute. Und traurigerweise ist die globale Pandemie nur einer der vielen Faktoren, die dazu beitragen. Inmitten all der Herausforderungen, vor denen die Welt und wir persönlich stehen, brauchen wir etwas, das uns über Wasser hält. Etwas, das uns trägt, bis wir wieder festen Boden unter den Füßen haben. Meditation kann dieses Etwas sein, das uns vor dem Ertrinken rettet, das es uns erlaubt, tiefer in uns zu gehen und unsere innere spirituelle Kraft zu entdecken.

Wir haben das Glück, in einer Zeit zu leben, in der die uralten Weisheiten, die über Jahrtausende an uns weitergegeben und von den Schriften und Erfahrungen so vieler Meister und Praktizierender bestätigt wurden, Forscher in führenden Einrichtungen dazu inspirieren, den Nutzen der Meditation unvoreingenommen und wissenschaftlich zu betrachten. Die Vorteile des Meditierens sind zu zahlreich, um sie hier alle zu erwähnen. Aber jetzt, wo sogar Institutionen wie Harvard, Yale und viele andere gut recherchierte Artikel dazu veröffentlicht haben, sollte es genügen zu sagen, dass Meditation endlich als uraltes Heilmittel für unsere neuzeitlichen Probleme begrüßt wird. Wir haben zu lange ignoriert, wie wichtig es ist, unseren Geist und unsere Gefühle steuern zu können, und welche große Rolle diese in allen Bereichen unseres Lebens spielen.

Ich erinnere mich an den großen Tsunami am Tag nach Weihnachten im Jahr 2004, der als einer der tödlichsten der jüngsten Vergangenheit in die Geschichte einging. Ehrenamtliche Helfer von The Art of Living und ihrer Schwesterorganisation, der International Association for Human Values, machten sich sofort auf den Weg in die am schwersten betroffenen Regionen Indiens und Sri Lankas. Darunter waren einige meiner Freunde, und in den folgenden Wochen und Monaten erzählten sie mir von den Programmen und Initiativen, die sie dort für Überlebende des Tsunami aufbauten. Eine Sache, die sie erwähnten, blieb mir im Kopf.

Sie erzählten mir, dass die Menschen zwar schnell die materielle Unterstützung erhielten, die sie brauchten, weil so viele internationale humanitäre Organisationen zur Hilfe geeilt waren. Aber obwohl sie die nötigen Nahrungsmittel und Medizin bekamen, konnten die Menschen nichts essen. Sie konnten nachts nicht schlafen, weil sie so traumatisiert waren. Dieser Aspekt wird oft übersehen, wenn es darum geht, Hilfe zu leisten. Hier können Organisationen wie The Art of Living und ihre Schwesterorganisation IAHV einen echten Unterschied machen.

Die meisten Überlebenden hatten ihr ganzes Leben an der Küste verbracht, und ihr gesamtes Leben drehte sich um das

Meer. Das Meer war ihre Existenzgrundlage gewesen. Die meisten von ihnen waren Fischer oder lebten vom Fischhandel. Aber jetzt, wo das Meer, das ihr Leben lang wie eine Mutter für sie gesorgt hatte, plötzlich zu ihrem größten Feind geworden war, konnten sie mit der Situation einfach nicht mehr umgehen. Der Ozean, der sie bisher ernährt hatte, nahm ihnen plötzlich ihr Heim, ihre Boote und viele ihrer Angehörigen und Freunde. Viele hatten in diesem einen Augenblick reinster Zerstörung ihren Vater, ihre Mutter, ihre Kinder oder andere Verwandte verloren. Davon waren sie so traumatisiert, dass sie nachts nicht schlafen konnten. Der Klang der Wellen und des Meeres, der immer ihr Schlaflied gewesen war, erinnerte sie nur noch an den Schrecken des Tsunami und daran, was sie nach und nach durch ihn verloren hatten.

Sie hatten all die materielle Hilfe und Unterstützung erhalten, die sie brauchten, aber das war fast vergeblich. Die Menschen konnten nicht essen, nicht schlafen und ihr Leben nicht weiterführen. Aber nach mehreren Sitzungen mit Atemübungen und Meditation erzählten einige, dass sie wieder schlafen konnten. Der Klang der Wellen war nicht mehr traumatisierend – und nach einiger Zeit konnten sie sogar wieder aufs Meer zurückkehren und ihre Leben so weiterleben, wie sie es gewohnt waren: als Fischer. Sie waren in der Lage, ihre innere Stärke wiederzuerlangen und sich mit dem Frieden, der Stabilität und dem Vertrauen zu verbinden, das sie schon immer begleitet hatte und das ihnen niemand nehmen kann. Sie konnten das Trauma, die Angst, die Verzweiflung und den Ärger loslassen, die sie völlig übermannt hatten.

Zwar hatten sie alles verloren, was ihnen bis dahin Sicherheit und Stabilität verliehen hatte, ob Familie, soziales Netz,

Ersparnisse, das Zuhause oder die Arbeit. Aber ihre wahre Stärke und ihr Frieden blieben unangetastet, da sie tief in ihrem Inneren lagen. Doch um diese zu finden, darauf zuzugreifen und sie anzuzapfen, mussten sie den Blick nach innen wenden. Und das müssen auch wir tun.

# ∞ WEISHEITS-SUTRAS ∞

- Weisheit bedeutet, die Bedeutung der Meditationspraxis zu verstehen und danach zu handeln.
- Damit die Praxis Früchte trägt, muss sie regelmäßig mit Hingabe und Ehrerbietung geübt werden.

# 10-MINUTEN-AUFGABE

Nimm dir fest vor, schon morgen mit dem Meditieren anzufangen. Am besten praktizierst du zweimal täglich, einmal morgens vor dem Frühstück und einmal abends vor dem Essen. Falls das nicht möglich ist, lass es nicht zum Grund werden, gar nicht zu meditieren. Jeder Zeitpunkt ist ein guter Zeitpunkt zum Meditieren, außer vielleicht direkt nach einer Mahlzeit. Auch wenn es anfangs schwer ist, zweimal täglich zu meditieren, versuche es wenigstens einmal täglich, damit deine Praxis zu einem regelmäßigen Bestandteil deines Alltags wird und damit du Fortschritte machen kannst.

Um von deiner Meditationspraxis noch mehr zu profitieren, versuche, eine feste Zeit dafür zu finden und so gut es geht dabeizubleiben, vor allem anfangs. Falls das heißt, dass du ein bisschen früher aufstehen musst, um deine Meditation vor dem Frühstück und bevor du ins Büro fährst einzulegen, dann stell dir einen Wecker und teil dir die Zeit ein. Wenn du zu einer anderen Tageszeit meditieren willst, aber die Zeit dafür nicht findest – oder wenn du das Gefühl hast, dass dir die Zeit dafür überhaupt fehlt –, dann schreibe dir ein oder zwei Tage lang auf, womit du tatsächlich deine Zeit verbringst. Diese spannende Übung kann dir die Augen öffnen. Du wirst sehen, dass du viel mehr Zeit mit Surfen im Internet, auf Facebook, Instagram, Twitter, YouTube oder anderen sozialen Medien verbringst, als du gedacht hast. Addiere die Zeit, in der du Filme und Serien ansiehst oder einfach nur plauderst, dich beschwerst oder dir Sorgen machst. Jetzt entscheide dich dazu, diese Zeit um 20 bis 30 Minuten zu verkürzen, und verwende sie stattdessen dafür, dich besser, glücklicher, entspannter und friedlicher zu fühlen. Also für deine Meditationspraxis.

Möge es der Beginn einer Reise voller Schönheit, Freude und Frieden sein, die nie vergehen und die du in dir trägst, wohin auch immer du gehst und die du mit allen Menschen teilst, die du triffst.

# DIE REISE FORTSETZEN: WAS JETZT?

Wahrscheinlich kannst du dich einer der folgenden drei Gruppen von Menschen zuordnen, die dieses Buch in die Hand genommen, es zu Ende gelesen und von denen einige oder sogar alle der vorgeschlagenen Übungen ausprobiert haben.

Zur ersten Gruppe gehören diejenigen, die gerade erst mit dem Meditieren begonnen haben. Du hast mit deiner Praxis angefangen, hast aber auch das Gefühl, dass du noch ein bisschen Hilfe benötigst, um wirklich in die Praxis einzusteigen und den Geist schneller und leichter zur Ruhe zu bringen.

Was dir dabei wirklich helfen kann, ist, einige der Pranayamas oder Atemtechniken zu erlernen, die ich selbst schon seit 20 Jahren praktiziere. Im Meditations- und Atemworkshop von The Art of Living lehren wir eine kleine Auswahl sehr wirkungsvoller Techniken. Die Sudarshan-Kriya-Übung, eine von Gurudev Sri Sri Ravi Shankar gelehrte rhythmische Atemtechnik, wurde für mich in den vergangenen zwei Jahrzehnten meiner Meditationspraxis zu einem unschätzbaren Werkzeug.

Wir verfügen weltweit über zertifizierte Trainer und Trainerinnen, die diese Programme anleiten. Auf der Website von The Art of Living kannst du herausfinden, ob bald Workshops in deiner Nähe stattfinden.

Auch ich selbst leite solche Programme, und im Veranstaltungskalender auf meiner Website erfährst du mehr über meine nächsten Workshops. Die Kraft des Atems zu nutzen, ist eine der wirkungsvollsten Techniken, um den Geist zur Ruhe zu bringen und ihn zu stärken, wie ich bereits erwähnt habe. Ich kann allen Meditierenden nur empfehlen, ein paar dieser kraftvollen Atemtechniken zu erlernen, um ihre Meditationspraxis zu ergänzen, zu vertiefen und ihren Fortschritt zu beschleunigen.

In der zweiten Gruppe Leser und Leserinnen sind diejenigen, die zwar schon hin und wieder Achtsamkeits- oder Meditationsübungen gemacht, aber nie wirklich ernsthaft damit begonnen haben. Oder die noch auf der Suche nach wirkungsvollen und authentischen Meditationstechniken sind. In diesem Buch hast du einiges an Praxiswissen und einige Werkzeuge erhalten, um anzufangen, und vielleicht übst du sogar schon seit einer Weile die neu erlernten Techniken. Du würdest aber gerne noch tiefer ins Meditieren einsteigen, indem du auf einer persönlichen Ebene mit der Praxis und der uralten Tradition in Verbindung trittst. In diesem Fall empfehle ich dir, an einem der Sahaj-Samadhi-Meditationsworkshops teilzunehmen, die von The Art of Living angeboten werden. Hier können Meditierende ein persönliches Mantra erhalten, das einzigartig für sie ist. Diese Mantras werden seit Ewigkeiten im Rahmen der uralten Tradition weitergegeben. Das Mantra, das du erhältst, ist ein personalisiertes Werkzeug, das dir helfen wird, den Geist müheloser zu transzendieren und tiefer zu meditieren. Es hilft dir auch dabei, auf deinem spirituellen Weg Fortschritte zu machen. Ich selbst praktiziere diese Meditationstechnik regelmäßig und bin noch auf keine andere gestoßen, die so mühelos und effektiv funktioniert. Aber weil es sich um ein einzigartiges Mantra für deine eigene Praxis handelt, musst du es auf die richtige Weise von einem qualifizierten Lehrer erhalten, der Teil dieser alten Tradition ist. Diejenigen, die gerne mehr darüber erfahren oder in diese Praxis einsteigen möchten, können auf der Website von The Art of Living Details finden. Ich führe Menschen regelmäßig in diese uralte Tradition der Meditation ein, und Details zu meinen Programmen finden sich auch auf meiner Website.

In der dritten Gruppe Leser und Leserinnen, zu der vielleicht auch du gehörst, sind diejenigen, die schon länger meditieren und davon profitieren, egal, welcher Meditationstradition sie dabei folgen. Du würdest aber gern manchmal Abstand von der täglichen Hektik des Familienlebens oder deines Arbeitsumfelds bekommen und ein paar Tage damit verbringen, noch viel tiefer zu gehen und die subtileren Schichten deines Bewusstseins und Daseins zu erforschen. Zuhause mag es leichter für dich sein, dir deinen eigenen Raum zu schaffen und zu üben, wann und wie es dir passt. Aber auf der anderen Seite ist es immer noch dein Zuhause, voller Ablenkungen und Einschränkungen.

Das ist der Grund, warum in den meisten Traditionen bei der Meditation auch Wert darauf gelegt wird, in einer Gruppe zu praktizieren, gemeinsam, an einem besonderen Ort, der der Praxis noch förderlicher ist. Denn das gemeinsame Meditieren kann sehr hilfreich sein, um die eigene Praxis zu vertiefen,

Struktur und Disziplin zu entwickeln und größere Fortschritte zu machen. Die meisten Klöster, Ashrams oder Meditationszentren befinden sich an Orten, die der Praxis viel zuträglicher sind als dein geschäftiges Zuhause oder Arbeitsumfeld. Und wann auch immer dein Geist unruhig wird oder du mit weniger Hingabe praktizierst, gibt dir das Üben in der Gruppe die Unterstützung und den gelegentlichen Anstoß, um weiterzumachen. Um besonders an solchen Tagen weiterzumachen, an denen du keine Lust dazu hast. Aus diesem Grund hat auch Buddha der Sangha, der Gemeinschaft der Praktizierenden, so viel Bedeutung zugemessen. Denn sie kann die eigene Praxis fördern.

Auch deshalb leiten wir bei The Art of Living Meditationskurse für Fortgeschrittene. Dabei handelt es sich um besondere Retreats, die zwischen vier und sieben Tage dauern und in denen die Teilnehmer und Teilnehmerinnen in einer Umgebung, die für die Meditation förderlich ist, alles bekommen, was sie brauchen. Licht, nahrhafte Mahlzeiten und eine bequeme Unterbringung ohne andere Ablenkungen sorgen dafür, dass du dich komplett auf das konzentrieren kannst, wofür du gekommen bist: ein paar Tage Abstand zu bekommen und tief zu meditieren. Erfahrene Lehrer wie ich leiten dich durch eine Reihe tiefgreifender und kraftvoller geführter Meditationen sowie anderer Prozesse. Außerdem hast du die Möglichkeit, das uralte Wissen der Schriften zu entdecken, durch die du die Praxis und den Weg besser verstehen lernst. Viele fortgeschrittene Meditierende kommen zwei- bis dreimal im Jahr zu solchen Retreats. Sie schaufeln sich ein paar Tage in ihrem vollen Terminkalender frei, um Energie zu tanken, sich zu regenerieren und ihre Meditationspraxis zu vertiefen.

Ich wünsche dir nur das Beste für deine Meditationsreise, wo auch immer du dich gerade befindest, und ich freue mich darauf, dich eines Tages kennenzulernen und von deinen Erfahrungen zu hören. Wir sollten uns nicht scheuen, dieses wunderbare und dringend benötigte Wissen mit möglichst vielen anderen Menschen zu teilen, denn wir leben in herausfordernden Zeiten, und viele kämpfen damit, sich über Wasser zu halten.

Weitere Informationen über die Kurse der weltweit agierenden Stiftung Art of Living findest du unter

**www.artofliving.org.**

Besuche **www.swamipurnachaitanya.com**, um mehr über meine Kurse zu erfahren und mit mir Kontakt aufzunehmen.

# ÜBER DEN AUTOR

Swami Purnachaitanya ist Autor, Redner und spiritueller Mentor. Er ist ein gefragter Lehrer für Yoga, Meditation, Mantras und vedische Weisheit und auch ein fesselnder Geschichtenerzähler. In den Niederlanden als Sohn eines niederländischen Vaters und einer indischen Mutter geboren, weckten seine Eltern in ihm früh das Interesse an spirituellen Übungen und östlichen Philosophien. Der entscheidende Moment in seinem Leben trat im Alter von 16 Jahren ein, als er Gurudev Sri Sri Ravi Shankar begegnete, einer der bedeutendsten globalen spirituellen Führungspersönlichkeiten unserer Zeit und Gründer von The Art of Living. In ihm erkannte er seinen spirituellen Meister. Nach seinem Studium der Indologie verließ er die Niederlande und wechselte zum The Art of Living International Center in Bangalore, Indien.

Seinen Titel »Swami« (Mönch) erhielt er von Sri Sri Ravi Shankar als Anerkennung seines hoch entwickelten spirituellen Bewusstseins und seiner Zusicherung, sein Leben dem Dienst an seinen Mitmenschen zu widmen.

Derzeit leitet er Programme für The Art of Living. Seine Aufgaben beinhalten Schulungen zur persönlichen Entwicklung und die Betreuung verschiedener humanitärer Hilfsprojekte in Indien und Afrika.